漫道谦行

——徐吉谦教授纪念文集

东南大学交通学院·编著
张　航　陈嘉毅　傅子建·整理

东南大学出版社
SOUTHEAST UNIVERSITY PRESS
·南京·

图书在版编目（CIP）数据

漫道谦行：徐吉谦教授纪念文集/东南大学交通学院编著；张航，陈嘉毅，傅子建整理.—南京：东南大学出版社，2023.10

ISBN 978-7-5766-0749-9

Ⅰ.①漫… Ⅱ.①东… ②张… ③陈… ④傅… Ⅲ.①徐吉谦（1928-2021）-纪念文集 Ⅳ.①K825.46-53

中国国家版本馆CIP数据核字（2023）第082983号

责任编辑：张新建　责任校对：张万莹　封面设计：王玥　责任印制：周荣虎

漫道谦行——徐吉谦教授纪念文集
Mandao Qianxing—Xu Jiqian Jiaoshou Jinian Wenji

编　　著：	东南大学交通学院
整　　理：	张　航　陈嘉毅　傅子建
出版发行：	东南大学出版社
出 版 人：	白云飞
社　　址：	南京四牌楼2号　邮编：210096　电话：025-83793330
网　　址：	http://www.seupress.com
电子邮件：	press@seupress.com
经　　销：	全国各地新华书店
印　　刷：	徐州绪权印刷有限公司
开　　本：	700 mm × 1000 mm　1/16
印　　张：	12.5
字　　数：	200千字
版　　次：	2023年10月第1版
印　　次：	2023年10月第1次印刷
书　　号：	ISBN 978-7-5766-0749-9
定　　价：	58.00元

本社图书若有印装质量问题，请直接与营销部调换。电话（传真）：025-83791830

序

徐吉谦教授是我心目中备受尊敬的师长，离开我们已经一年多了。我们深切怀念他！

路漫漫其修远兮，吾将上下而求索。作为新中国成立后的第一代交通学者，中国交通工程学科的开拓者和奠基人之一，中国道路交通领域内的著名教授——徐吉谦教授，在他一生的漫漫道路上不仅不懈探索、深耕道路工程，更以谦恭的品行，一步一个脚印，为后辈的前行、学科的发展指引方向。

徐吉谦教授出生于安徽省安庆市怀宁县，少年时已胸怀投身学术研究的壮志，在烽火年代艰难求学，于1950年考入国立南京大学工学院。之后因院系调整改为南京工学院，徐吉谦教授因此成为南京工学院的首批毕业生，并任教于南京工学院（现东南大学）。道阻且长，漫道谦行，他在40年的学术人生中，为东南大学交通工程学科的发展倾注了全部的热情与心血。

40年学术人生的前半段，徐吉谦教授的研究以道路工程为核心，他亲自担任了中国第一条一级公路"南京宁六公路"的技术总负责人，对后来中国公路交通发展产生了深远影响。后半段则缘于1979年在同济大学与张秋先生的相见。张秋先生所提出的全新交通工程学概念让徐老师敏锐地洞察到未来交通的发展方向，感受到交通工程学科对国家发展的重要性，也深知要尽快开始探索和建设中国的交通工程学科。在徐吉谦教授多方奔走和组织下，南京工学院于1987年正式创办交通工程学科，为国家培养了许多著名学者和工程领域的专家，推动了东南大学交通工程学科的发展，在国内交通史上留下浓墨重彩的一页。

山不让尘，川不辞盈。徐吉谦教授数十年如一日地从事交通研究与教育，一直走在学科发展、工程实践、理论研究与教育的第一线，由道路工程转向交通工程，组织建立了国内最早的交通学科体系，并编写了包括《交通工程学基础》在内的多部教材。他开创的中国城市交通规划理论，交通工程人才培养体系、教学体系、理论方法体系共同构成了影响后来者的思想渊源，为中国交通人才培养、学科发展与行业进步做出了重要的贡献。

天地交而万物通，上下交而其志同。东南大学交通学院始终担当着国家赋予的建设交通强国的历史使命和责任，积极推进教育和科研，并以先贤为榜样，以初心为力量，通过保护、挖掘、整理学院院史，传承和发扬学院前人的精神，赓续学风教风。继2017年方福森教授回忆录和2021年方左英教授纪念文集编撰出版后，又一位交通先贤徐吉谦教授的传记《漫道谦行》也将出版，书中记载的徐吉谦教授的事迹非常值得交通领域高校师生及行业工作人员学习，让人们了解他"漫道谦行"的奋斗历程以及感悟他"漫道谦行"的修养与格局,赓续交通人为中国特色社会主义交通事业奉献和开拓的传统。

　　灼灼璞玉,静世芳华。感怀徐吉谦教授的谦虚、执着和奉献,作下此序,以寄托对徐吉谦教授的缅怀与崇敬之情,也致敬像徐吉谦教授这样的中国交通发展的引路人!

2022 年 12 月

徐吉谦教授大事记

1928年，出生于安徽省安庆市怀宁县。

1950年，考入国立南京大学工学院（1952年院系调整改为南京工学院）土木系。

1953年，南京工学院（今东南大学）土木系毕业，同年留校任教。

1954年，赴上海同济大学进修，向苏联专家学习。

1954年，成为中国共产党党员。

1959年，调任南京工学院教务处。

1959年，担任讲师、教学研究科科长。

1963年，正式担任授课教师，开设"城市计划交通网"课程。

1965年，代表学科参与北京0401公路工程。

1976年，作为技术负责人主持设计全国第一条一级公路——宁六公路。

1978年，任副教授、道路交通研究室主任、运输工程研究所副所长。

1980年，编著《交通工程学基础讲义》，开设交通工程的选修课。

1982年，开始培养交通工程专业研究生，并先后研究、主持了"城市环形交叉口通行能力研究""大中城市出入口干道设计研究"等众多课题。

1985年，任教授，培养博士生，1989年我国第一个交通工程学博士诞生。

1987年，创办东南大学交通工程学科。

1991年，主编出版《交通工程总论》专业教材。

1993年，退休。

1994年，编著出版《交通工程学基础》专业教材。

2017年，与曾指导的学生共同设立"徐吉谦－张秋"奖学金。

2018年，获"全球华人交通运输学科终身成就奖"。

2019年，获"庆祝中华人民共和国成立70周年"纪念章。

2021年，逝世于南京，享年93岁。

目　录

半生缘·追忆篇

（一）缘起·缘深
　　　——记徐吉谦教授 1928—1978 年间的奋斗历程⋯⋯⋯⋯⋯ 003
　　01　岁月如歌　行成于思——成长与蜕变⋯⋯⋯⋯⋯⋯⋯⋯ 004
　　02　栉风沐雨　跬步千里——参与北京 0401 公路工程⋯⋯⋯ 009
　　03　厚积薄发　鹏路翱翔——主持宁六公路设计⋯⋯⋯⋯⋯ 013

（二）星火·薪火
　　　——记徐吉谦教授 1979—1994 年间的卓越贡献⋯⋯⋯⋯⋯ 020
　　01　青衿之志　履践致远——结缘交通工程⋯⋯⋯⋯⋯⋯⋯ 021
　　02　敢为先锋　大路椎轮——创办交通工程学科⋯⋯⋯⋯⋯ 024
　　03　高瞻远瞩　开拓创新——为学科发展进行理论探索⋯⋯ 028
　　04　以书为记　星火燎原——为学科建设编撰教材⋯⋯⋯⋯ 035
　　05　春风化雨　兴教之源——为学科未来培养人才⋯⋯⋯⋯ 039
　　06　继往开来　自成一格——独特的学术思想⋯⋯⋯⋯⋯⋯ 047
　　07　大道薪火　一脉成就——成就与荣光⋯⋯⋯⋯⋯⋯⋯⋯ 050
　　08　砥砺前行　铸造辉煌——东南大学交通学科的发展⋯⋯ 053

一世情·缅怀篇

（一）无形财富　薪尽火传
　　　——记徐吉谦教授弥足珍贵的性格、哲思和治学态度⋯⋯ 058
（二）铭记先辈　景行行止
　　　——记忆中的徐吉谦教授⋯⋯⋯⋯⋯⋯⋯⋯⋯⋯⋯⋯⋯ 061
　　01　同路·同心——回忆徐吉谦教授的三件往事⋯⋯⋯ 高世廉 062
　　02　智者怀仁，止于至善——回忆导师徐吉谦先生⋯⋯ 晏克非 065
　　03　火种微光——怀念恩师徐吉谦先生⋯⋯⋯⋯⋯⋯⋯ 王炜 070
　　04　只留清气满乾坤——铭记恩师徐吉谦⋯⋯⋯⋯⋯ 黄富民 075
　　05　领路人——我的先生徐吉谦⋯⋯⋯⋯⋯⋯⋯⋯⋯ 刘小明 077

06 万山磅礴有主峰
　　——记"授业传道之恩师，立德树人之楷模"徐吉谦……杨涛 080
07 高山仰止　景行行止——我的恩师徐吉谦……………………周鹤龙 093
08 厚德流光照华年——永远的徐老师………………………………李洪武 096
09 吉祥止止　谦谦君子………………………………………………过秀成 098
10 万世师表
　　——记"授业传道之恩师，立德树人之楷模"徐吉谦……陈学武 101
11 谦和诚朴　止于至善——致敬东南大学徐吉谦老师……………刘威 105
12 永远的记忆——忆徐吉谦老师两三事……………………………宋家骅 107
13 心念山海——重走宁六公路………………………………………徐小红 109

附　录

（一）媒体对徐吉谦的报道……………………………………………… 114
　　交通工程专家徐吉谦谈交通拥堵原因及对策…………………… 114
　　老教授走1公里才能坐上公交…………………………………… 117
（二）徐吉谦对老师、同事的怀念……………………………………… 121
　　深切怀念吾师方福森教授………………………………………… 121
　　峥嵘传奇树先贤　彪炳学界照后人……………………………… 124
（三）对徐吉谦著作的评述……………………………………………… 127
　　交通与文明的线索——读《南京的交通》有感………………… 127
　　《可爱的南京》丛书第二辑全部出齐：《南京的交通》获好评… 129
（四）徐吉谦指导学生名单……………………………………………… 130
（五）徐吉谦所获荣誉、承担项目一览………………………………… 132
　　徐吉谦所获荣誉…………………………………………………… 132
　　徐吉谦项目、论文获奖情况……………………………………… 133
　　徐吉谦撰写教材、专著一览……………………………………… 135
　　徐吉谦学术、教育文章一览……………………………………… 136
（六）徐吉谦照片集锦…………………………………………………… 139
　　徐吉谦参加各类会议照片………………………………………… 139
　　徐吉谦与师生们合影……………………………………………… 157
　　徐吉谦参加学生答辩合影………………………………………… 172
　　徐吉谦与同事们合影……………………………………………… 175

后记……………………………………………………………………………… 186

半生缘·追忆篇

（一）缘起·缘深

——记徐吉谦教授 1928—1978 年间的奋斗历程

五十年的成长与奋斗、刻苦学习与实践，让徐吉谦教授掌握了道路工程相关的理论基础，开展了道路设计施工的实践工作，形成了尊重劳动、尊重实践、尊重真理、尊重创新的思想，为后来其开创交通工程学科埋下了伏笔、打下了坚实的基础，并奏响了他一生中最重要人生阶段之辉煌成就的序曲。

01 岁月如歌　行成于思

—— 成长与蜕变

安徽有一座素有"文化之邦"美誉的国际历史文化名城，这里钟灵毓秀、人杰地灵，古称宜城，今为安庆。这里江山代有人才出，而在这一代代各领风骚的知名人物之中，徐吉谦这个名字虽非家喻户晓，却在中国交通教育行业领域留下了浓墨重彩的一笔。

1928年8月28日，徐吉谦出生于安徽省安庆市怀宁县。幼时在家中随父亲学习四书五经，15岁时，进入怀宁县根涧乡小学读书，并于次年进入私立贞干中

1950年徐吉谦（后排中）高中毕业合影

学，后因父亲工作调动原因依次转入私立天柱中学和安庆初中，并于1950年在安庆高中完成了高中学业，考入当时的国立南京大学工学院土木工程系。

1952年，国家为了适应发展形势，学习苏联的高校教学模式，培养专门人才，对全国高校院系进行大规模调整，将国立南京大学工学院的主体部分在校原址成立了南京工学院，徐吉谦因此成为南京工学院的首批毕业生。

1953年，徐吉谦毕业留校，在土木系道路教研组担任助教。1954年9月至1955年7月在上海同济大学进修，向苏联专家学习。

青年时期的徐吉谦

当时我国大学学习苏联5分制评分模式，其中4分表示成绩较为优秀，而要得到5分则非常困难。在这种评分制度下，徐吉谦进修时学习的"城市道路设计"课程成绩为4分，"道路勘测设计"课程成绩为5分，这充分说明了他专业学习之认真扎实。

此外，我国大学学习了苏联高等教育中"毕业设计"制度，毕业生均需要完成毕业设计或毕业论文方可毕业。为了给后续该制度模式的应用提供参考，徐吉谦率先尝试完成毕业设计。徐吉谦的毕业设计研究了南京市从鼓楼环交至太平门道路的地形起伏问题。他通过建立

在南京工学院学习时期的徐吉谦（右）

模型进行计算,并综合考虑标高等因素带来的填土、工程量和排水问题,以寻找到其中的平衡点。苏联专家认为其毕业设计成果已达到优秀水平,成绩为 5 分。后送上海科学会公开答辩,获得一致认可,并送相关单位以供参考。1955 年 6 月徐吉谦离开同济大学,其指导教师兼学校教研室主任罗孝登在评语中写道:"徐吉谦同志在进修过程中能认真学习,修过'城市道路设计'与苏联专家的'道路勘测设计'等课程,并自修了'城市特殊物结构'等课程,做过毕业设计,成绩优秀。如能继续钻研于道路设计方面,当有更大造诣。"

徐吉谦在同济大学求学期间对自己要求严格,不仅学习成绩优秀,更在求学过程中对党和国家的社会主义事业有了更深层次的理解。他主动申请加入中国共产党,并于 1954 年 10 月由南京工学院五系党总支书记陈东、支部书记孙祖述 2 人介绍,加入中国共产党,决心为党的教育事业奋斗终身。

回到南京工学院的徐吉谦继续担任土木系道路教研组助教,主要辅导的专业为铁道工程和水下工程。当时他的另一个职务是教研组的秘书,主要辅佐老教师开展教学事宜,在课堂上旁听的同时,负责收发讲义,也承担出考题、改考卷和答疑工作。这一年,徐吉谦被评选为建设社会主义积极分子。

徐吉谦(前排右 1)与同学的合影

徐吉谦(左)与友人合影

1958年，徐吉谦与方左英①、庄海涛②、周宪华③等道路工程专业老师带领毕业班学生，第一次走出课堂进行毕业设计，以勤工俭学方式与南京市城市建设局合作进行南京市郊区道路网规划及城区道路设计。

1959年，徐吉谦调任南京工学院教务处，任教学研究科科长，主要从事教学研究相关工作，包括统计学校开设课程数、每门课开设的年级，打印成绩表，了解每一个系的教学情况，分析考试分数分布情况及其原因等。与此同时，徐吉谦还参与了南京工学院的教学改革，主要工作包括分析教学计划、培养目标是否合适，教师工作量是否合理，基础课与专业课的比重是否适当，教师的授课内容与大纲是否一致等，并在众人的努力下，将教学改革的全过程整理成册。

担任助教的徐吉谦（中）与哥哥徐济华（左，土木系）、弟弟徐浚哲（右，电力系）合影

---

① 方左英（1913—2000），广东江门开平人，教授，毕业于国立清华大学土木工程系、密歇根大学研究院。投身爱国事业，参加"一二·九"运动。国立中央大学、国立南京大学、南京大学、南京工学院、东南大学教授，美国IotaAlpha研究生荣誉学会会员。出版《公路工程学》（上下册）、《公路路线设计概要》、《土壤力学》等专著。主编交通部《公路设计手册 路基》和参编《公路设计手册 路线》，主编高校教材《路基工程》，主持"炸弹坑土方数量"研究，研究成果为中国人民志愿军加速朝鲜前线铁路抢修发挥重要作用，受到志愿军的表彰。

② 庄海涛（1927—2012），广东番禺人，副教授，1948年复旦大学土木系路工组毕业，曾任职长江水利局、福建省公路局、华东支前公路建设指挥部、交通部公路总局第三工程局等单位；1956年任教于北京公路学院；1957年到南京工学院（今东南大学）任教，开设"道路建筑技术及组织计划（路面建筑）"等课程，长期担任南京工学院土木工程系道路教研室主任，1988年离休。

③ 周宪华（1928—1999），江苏扬州仪征人，教授，1954年南京工学院土木系道路工程专业毕业并留校任教，开设"路基工程"等课程，1989年退休。出版《公路路基》《路基设计原理与计算》等专著，主编高等学校教材《公路网规划与设计》。

1962年，徐吉谦回到土木系担任道路教研组副主任、党支部书记，并于1963年开始正式上课，开设了"城市计划交通网"课程。

从宜城到金陵，从学生到教师，徐吉谦与南工（东大）结缘，与道路交通结缘，风华正茂的他开启了未来事业华章的序幕；他的思想觉悟、担当意识以及扎实的专业基础，在之后的岁月里，为他本人，也为中国的交通工程事业，铺就了一条通向一个个辉煌成果的道路。

02　栉风沐雨　跬步千里

—— 参与北京 0401 公路工程

20 世纪 60 年代，为了响应国家政策、迎合国家发展需求，徐吉谦作为土木教研室的教师，积极参与教学改革。他主张要从工程实践中学习、在工农群众中学习，从而把工程建设的经验带到课堂上，培养新一代的社会主义工程建设人才。

为了将教学改革落实下去，让专业教师亲自下工地进行劳动学习，以更好地教书育人，同时磨炼成员的革命意志、坚定教改的决心，1965 年初，南京工学院刘雪初书记等学校主要领导研究决定由五系（土木系）公路工程专业抽调党支部书记和党员组成劳动教改小分队，直接派送到北京代号为 0401 的国防要地，徐吉谦名列其中。

北京 0401 公路工程，起自北京复兴门外石景山区的衙门口，经北京门头沟区、房山县（现为房山区），进河北涞水县、涞源县和山西灵丘县、繁峙县、代县到达山西原平县（现为原平市），与原平至太原公路相接，全长 511 公里。该工程的修建对北京的战备工作起着至关重要的作用。该公路穿越燕山、太行山、五台山山脉，翻越西峰岭、松树岭、土壶岭等 9 座山岭，跨越永定河、大石河、拒马河等 5 条大河。山区路线所经之处，地形复杂，山势陡峭，峡谷纵横，有的地段人烟稀少，缺水少粮，又无便道可通过，加之战备工程遵照"安全畅通隐蔽"

徐吉谦、庄海涛、杨福源[①]

原则,路线大部分走山坡阴面,不易被敌机轰炸破坏。该工程十分艰巨,全线开挖路基土石方 1 175 万立方米,砌石护坡 50.3 万立方米,建隧道 5 座(总长 954 米)、大中桥 69 座、小桥涵 1 792 道,铺设沥青路面 301 万平方米。

为了参加这一工程项目,从中学习劳动和工程经验,春节刚过,徐吉谦就随着教改小分队赶往北京。那时的北京,正值春寒料峭之时,小分队成员为了保证工程建设进度,顶着凛冽寒风,和工人同志一起下工地劳动,进行路线测量、路基路面施工等工作。

除了工作环境艰苦,施工中还存在诸多危险。由于工地作业环境大多是山地,且缺少大型工程设备,开山要靠人工打钎,凿孔埋设火药炸石。混凝土搅拌机进料靠手推车把沙石、水泥一车车倒进料斗,出料也是靠手推车一车车运到浇筑点。施工过程中稍有不慎便会身陷危险之中。

---

① 杨福源(1934—1995),江苏南京人,副教授,1952—1953 年南京工学院土木系学习,1953—1956 年同济大学路桥系学习,1956 年毕业后在北京公路学院参加工作,1957 年 9 月来南京工学院土木系任教,讲授"桥梁工程""桥梁电算"等课程。出版高等学校教材《结构设计原理计算示例》。

徐吉谦等人虽然是南京工学院派来的老师，却不惧危险，和工人同志一起扛炸药包，共同艰苦奋斗，共同承担风险。在一次爆破过程中发现了一枚哑炮，需要进行排除。一名工人在排除哑炮的过程中操作不当，哑炮发生了爆炸。目睹这一切的老师们内心都充满了对炸药包的恐惧。但第二天，以徐吉谦为首的教改小队还是咬牙坚持下来。尽管冒着生命危险，却依旧严格要求自己，努力完成组织交付的任务。

1969年，0401公路通车，这是新中国成立以来一次性投资最大、技术标准最高、通过能力最大的国防公路工程，被称之为"集设计、科研、施工、教学为一体的大型国防工程"，被赞誉为"山区公路教科书"工程，并被载入新中国公路建设史册。

尽管在该项目中经历了诸多困难与危险，但当徐吉谦讲到这段经历时，更多的是强调自己当初从工农群众身上所体会到的不怕牺牲、艰苦奋斗的红色精神，而非自己的辛苦和不易。徐吉谦在此次教改中除了亲身经历了危险，体会到了工农群众的伟大力量，更从工程实际中学习到了专业经验，并将其转化为了教学内容。

为了更好地从0401公路工程实践中总结经验，方福森[①]、徐吉谦和赖国麟[②]老中青三人代表南京工学院前去北京0401公路的设计单位——武汉交通部第二设计院进行交流访问。

按照原计划，方福森、赖国麟和徐吉谦分头前往南京下关码头会合，当方福森和赖国麟到达码头准备出发时，却未见徐吉谦，直到中途船在芜湖港停靠，方福森和赖国麟下船散步回到船上时，才发现徐吉谦已坐在床位上。经询问，原来是徐吉谦因突发腹泻未赶上出

[①] 方福森（1910—1997），福建福州人，著名公路工程专家，国立清华大学土木系毕业（1933），波兰华沙工业大学技术科学博士（1938），国立中央大学、国立南京大学、南京大学、南京工学院、东南大学教授，中国公路学会第一届副理事长，波兰交通部道路建筑科学研究院荣誉学术委员。出版《波兰的公路建设及其技术成就》《公路工程》《高等公路工程学》等专著，主编高等学校教材《路面工程》。

[②] 赖国麟，1933年生，江西萍乡人，教授，南京工学院土木工程系道路专业毕业，于1960年毕业留校任教，一直从事桥梁工程和结构设计原理课程的教学与科研工作、硕士研究生培养指导工作，参加全国高等学校统编教材《结构设计原理》的编写。后兼任交通运输工程系党总支委员，1994年退休。

发时间，临时购买一张汽车票到达芜湖港与二人会合，这种联程出行的方式，节省了时间和精力。后来，赖国麟每每谈起此段经历都要打趣道："徐老师真不愧是搞交通的专家，能将交通的思想应用到方方面面。"

通过这次教学改革，徐吉谦优化了原有的教学模式，用新的理念为新中国培养了一批工程技术人员，而这种"实践"的观点，也深刻地影响了后来的工作，从此便逐渐形成了他的"工程观"，不仅要把成果书写在纸张上，而且要把成果写在祖国的大地上。

03　厚积薄发　鹏路翱翔

—— 主持宁六公路设计

　　1968 年底南京长江大桥建成通车，古都金陵交通主枢纽的地位更加明显。宁六公路的交通量在 1976 年已增至昼夜 3600 余辆次，是大桥建成时的 12 倍。那时的宁六公路全长近 30 公里，除部分路段已用劣质沥青进行表面处理外，绝大部分仍然是土路，全线弯多、路窄、坑洼不平，时常发生交通事故和四五个小时以上的堵车，成为严重阻碍经济发展的"瓶颈"。而未来城市经济的发展，不解决"路"的问题，繁荣谈何容易，振兴谈何容易！所以这条道路的修建成功就尤为重要。省、市领导在听取了广大群众意见，进行分析研究之后，决定在南京浦口至南京六合之间修建一条高等级的一级公路，并由南京工学院五系党总支牵头成立南京宁六公路设计队，徐吉谦被推荐为设计队队长。

　　由于没有主持设计大型项目的经历，且建设一条一级公路在当时国内也是首次，技术、材料、工艺等这些必备的要素，每一项都很难找到现成的参照。徐吉谦对接手此次任务，一开始甚为犹豫。可他想到自己是任课老师，又是道路学科的办学负责人，理当义不容辞，最终答应担任宁六公路设计队的队长，并汇聚道路教研组顾

---

① 顾尚华（1929—2015），贵州毕节人，副教授。1955 年毕业于成都工学院，同年 10 月来南京工学院道路教研室任教。开设了"道路交通服务设施""城市道路设计""城市道路与交通"等课程。1992 年退休。

尚华①、胡龙泉①、梁福林②，桥梁教研组张恒平③、叶见曙④，测量教研组赵殿甲、孙奎林、胡文龙、沈跃良，工程地质教研组于志淳⑤、林基良，水文水利教研组闻德逊、陈毓龄，土壤地基教研组郑襄朝⑥、钱品高等同志组成宁六公路设计队。

1976年5月，徐吉谦带领土木系道路工程专业5273级2个班的学生进驻工地，会同南京公路部门开始艰难的现场勘测设计。当时正是盛夏高温季节，空旷的江北大地如同烤热的钢板，徐吉谦带着学生们硬是穿田埂、涉河沟、踏山头，把南京浦口到南京六合这条长达27.93公里的公路沿线地形、

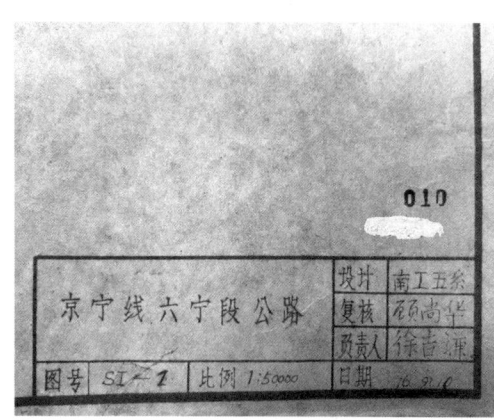

徐吉谦作为负责人设计宁六公路

---

① 胡龙泉，1950年生，江西吉安人，副教授。1975年毕业于南京工学院道路工程专业并留校任教。先后担任过5275级、5281级班主任；编写《交通调查》教材；主讲"水力水文学""公路工程监理""文献检索"等课程；主持多条高等级公路施工项目监理工作。2010年退休。

② 梁福林，1946年出生，江西九江人。1972年入学南京工学院土木工程系道路工程专业，1975年7月留校土木工程系道路教研组任教，1989年11月调入江西省九江市交通局工作，2006年退休。

③ 张恒平，1942年生，江苏省盐城市阜宁县人，副教授。1966年毕业于南京工学院土木系后留校任教，1968—1970年至南京军区城西湖农场学军，1970—1975年至盐城市公路管理处工程队任技术员，1975年回南京工学院任教。曾任交通学院交通规划设计研究院总工程师。2004年退休。

④ 叶见曙，1948年出生，湖北武汉人，教授。曾任东南大学交通学院桥梁工程系主任、桥梁与隧道工程研究所所长。主编出版高等学校交通运输与工程类专业规划教材《结构设计原理》、教育部普通高等教育精品教材《混凝土结构（下册）：混凝土公路桥设计》，2007年和2009年分别获国家科学技术进步奖二等奖，获海外华人交通协会（COTA）第19届国际交通科技年会（CICTP 2019）终身成就奖。2018年退休。

⑤ 于志淳，1936年生，江苏南通人，副教授。1960年毕业于长春地质学院，即来南京工学院土木系任教，讲授"土质学及土力学"等课程，1996年退休。

⑥ 郑襄朝，1930年生，江苏省常州市武进区人，副教授，1958年毕业于南京工学院土木系即留校任教，讲授"地基基础""土质学及土力学""桩基础"等课程。1990年退休。翻译出版《土力学题解》。

地貌以及与之相关的各项地理数据探了个一清二楚,为后续设计队成员的设计工作提供了重要参考和依据。

在整个项目的设计过程中,徐吉谦始终坚守着自己的工程理念和科研精神,十分注重统筹兼顾,因为交通道路其本身的动态性,包括线路、横纵断面、交通安全、施工量、环境影响和社会经济效益等问题,都需要仔仔细细地考虑在内,让山、水、田、林跟整个公路景观环境统一,以求得各就其位、各得其所、各尽其利的效果,提高综合效益。

宁六公路安全岛

在道路选线定线问题上,徐吉谦充分考虑了公路和城镇的远近关系,提出了"近而不进,绕而不扰"的原则,让公路在小城镇附近通过,以支线与小城镇相连,使公路尽可能地接近小城镇,让公路更好地为集镇服务,提供合适的出入通道。该举措使小城镇充分享受公路交通方便之利的同时,又不会让车辆进入小城镇之内,避免了车辆直接穿过小城镇中心切割小城镇,也使小城镇免遭交通对环境污染之害。

在老路的利用问题上，徐吉谦提出：将原有旧路的 83 处弯道去弯取直，平行建一条专供汽车通行的宁六新道，新道总长 24.7 公里，比旧线缩短 3 公里多。南来北往为互不干扰的分方向行车道，路幅各宽 10 米，中间设 1.5 米宽的绿化分隔带，而与之并行的旧路则作为辅道继续保留，专供人畜车和拖拉机行走。如此一来，不仅可以保证宁六公路汽车通达的安全、高速，而且能使建成后的新路对城镇"近而不进，绕而不扰"，有效防止行驶车辆对闹市区环境的污染。这个构想在当时来说无疑是新颖大胆的，议论和责难纷纷：全国那么多路，没听说过只准汽车走，不准其他车走的，公路不就是大家走的路吗？那样搞也太不方便了！徐吉谦胸有成竹地告诉大家，"混合车道"已是落后于时代的旧交通概念，国外已大量建起了汽车专用通道，虽然我们国家目前还没有进展到这一步，但今后是必然要和世界接轨的，我们何不敢为人先，尝一尝这"第一只螃蟹"呢？

在路堤填土高度问题上，徐吉谦认为，路堤低了会有不少问题。路线所在地为平原微丘，且河道纵横、地下水位较高，容易造成路床含水量大，从而影响路基的稳定，降低路面整体强度，此外还会引起地表水的浸润，特别是雨季排水不畅、不及时，也会影响路堤的稳定。但是，高路堤也存在诸多问题。对此，徐吉谦分析了多个方面：一论占地，高路基必然会导致更多的占地，一般路堤每增高 1 米，用地宽度要增 3 米，如就地取土则又将增宽 3 米，而土地是不可再生的资源，

平顺的宁六公路

故占地多少也是个重要因素；二论土材，更高的路基需要更多的土石方料，据估算每 1 公里路段增高 1 米路堤约增加 2.5 万立方米的土方量，挖、运、填、夯实，工作量很大，如需远运则工程量更

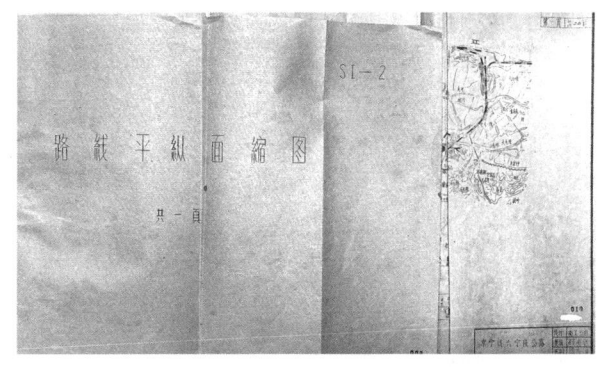

宁六公路平纵面设计缩图

大，要完成大量土方的挖、运、填、压还必须购置相应的机具设备，基建投资亦必随之增大；三论维护费用，路堤增高边坡拉长，为防止雨水冲刷，还需增加维修加固与管养费用；四论安全，路堤增高将导致社区阻隔、车辆失控、路基不均匀沉陷、桥头跳车等影响交通安全的危险因素增加。经过深思熟虑，宁六公路在路堤设计上，最终确定了"在保证公路设计规范中各种土质的最小填土高度的基础上，注意和加强排水设计"的原则。

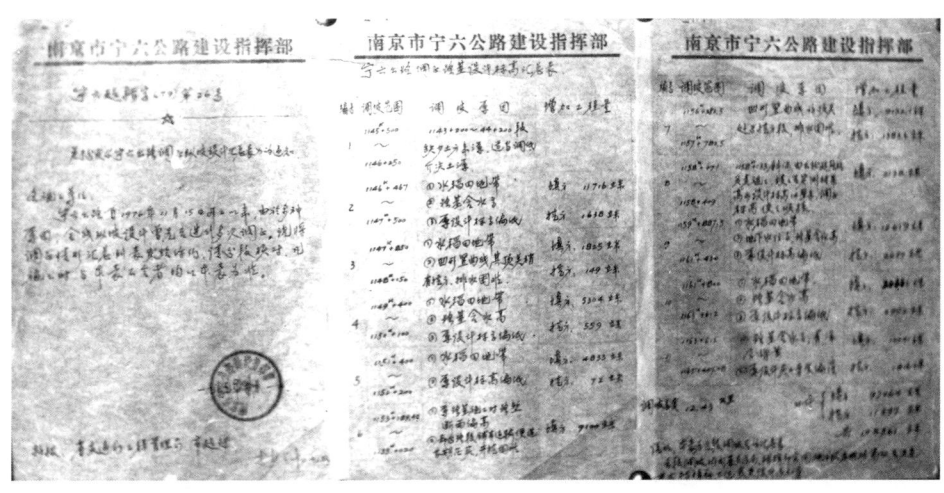

宁六公路坡度调整设计

设置中央分隔带的宁六公路

在横断面设计的问题上,徐吉谦认为,宁六公路设计速度高,为了交通安全考虑,应设置两幅路横断面,中间加设分隔带。但是由于当时道路普遍设计速度低,鲜有两幅路横断面设计,因此有领导同志并不理解两幅路横断面的设计方案。为此,徐吉谦一是搜集了国内外说明应设置中央分隔带的有关文件、资料和规范;二是说明了无分隔带情况下以 120 公里/时高速对向行车的危险性;三是向有关部门反映了设置分隔带的必要性。最终,两幅路横断面的设计方案得到了批准。

1976 年 11 月 24 日,宁六一级汽车专用公路工程全线破土动工,江北这条 20 多公里的路段,建设队伍面临的一个考验就是生活的艰苦。寒风凛冽的田间搭起了简易工棚,野外支起了锅灶,沿线村镇的水电几经周折被接到了工作和生活区域,大家经常是一杯开水、两个馒头就解决了一顿饭。

虽然生活的艰苦浇不灭内心的热情,但首次建设高等级一级公路需要的技术和工艺,却成为困扰建设队伍的一大难题。于是徐吉谦便采用"急用先学"的方法:晚上收工后,将灯光暗淡的工棚作为临时课堂,白天将用什么,徐吉谦就在黑板上示意着讲什么。道路就这样在方方面面的共同奉献和艰苦努力下,一步步地向前推进着。一度寒暑,又一度寒暑,建设者洒下的汗水深深地渗透到这片热土中。徐吉

2015年徐吉谦重走宁六公路

谦所在的建设者团队怀着一腔创业豪情，在条件并不充分的情况下，担起了历史赋予自己的一份重任。

1979年，宁六一级公路建成通车，南京北大门的通道顿开，进一步强化了南京公路交通主枢纽的地位，也带来了巨大的经济效益和社会效益。据测算，从1982年到1997年的16年里，按12%利率折扣建设成本和养护管理成本之后，宁六公路因道路里程缩短、道路晋级、节约货物在途时间和旅客旅行时间，创造直接经济效益57 312.03万元，为建设成本的19.5倍，各项经济指标均高于沈大高速、西三一级、沪宁二级及204国道盐通段等高等级公路。

宁六公路是我国第一条一级汽车专用公路，它的建成开创了我国高等级公路建设的先河，也被交通部（现为交通运输部）指定为全国一级公路建设标准。由原交通部副部长王展意任编审委员会主任兼主编、1991年出版的《当代中国的公路交通》，将这条路列入全国有特色的8条干线公路之一，并高度评价："由于保留了原路作辅道，对解决混合交通，提高公路通行能力，开创了一条新路。"宁六公路设计理念也多为后来的设计者所借鉴，而"理论结合实际，科学胜过权威"的研究精神和担当、创新、专业的态度，一直延续到徐吉谦日后的科研教学生涯中，成为他之后成功创办、建设交通工程专业的根本。

（二）星火·薪火

——记徐吉谦教授 1979—1994 年间的卓越贡献

　　从 20 世纪 70 年代末到如今，我国的机动化交通发展迅猛，交通问题日益突出，而我国交通工程实践也在不断发展，新的方法、技术、理念不断引导交通走向现代化、智能化。40 多年来，交通工程人才辈出，他们为国家发展助力，在国内外舞台上闪光；东南大学交通工程学科从无到有，从初生到辉煌，走出了一条教学、科研、工程实践相结合的道路。

　　徐吉谦作为学科的开创者，高屋建瓴、筚路蓝缕，为东南大学交通运输工程学科、为中国交通事业的发展，做出了杰出的贡献。

01 青衿之志　履践致远
——结缘交通工程

1978年党的十一届三中全会拉开了改革开放的序幕，为了推动新时期我国经济社会的发展，各行各业都铆足干劲，交通行业亦不甘落后。未来中国交通行业究竟要如何发展，亟须讨论、探索和创新。

在此关键之时，在美国和加拿大交通部门任要职的美籍华人张秋[①]先生于1979年受国务院邀请来华讲学，在上海同济大学和西安公路学院（现长安大学）的课堂上，演讲了一个个令人耳目一新的交通工程学新概念，分析了中国未来交通的发展问题，并呼吁各高校要尽早设立交通工程专业，培养交通工程技术人员。同时张秋先生在同济大学举办了第一个交通工程讲习班，系统地介绍交通管理、交通控制、交通安全、交通规划等西方发达国家的交通理论。

此时，教育部下发函文，要求南京工学院土木系派员去上海同济大学听取张秋先生讲学，系统学习交通工程的理论。由于道路工程的方向与交通工程最为接近，因此学校要求道路教研组派老师去学习。

不少老师认为开创一个新的专业，必定是困难重重，结果难料，

---

① 张秋，美籍华人，上海交通大学毕业，曾任美国加利福尼亚州海华市交通工程局局长。我国交通工程学科的倡议人、引路人，对我国交通工程学科的创办与发展起到了推动作用。

徐吉谦参加张秋先生在同济大学的讲学

因此对此事兴致不高。而当时作为党支部书记的徐吉谦，虽对交通工程专业尚不熟悉，但他认为建立新专业有利于学校、有利于社会和人民，又何惧从头开始的艰难困苦呢？于是他承担起了这个责任，应教育部和学校的要求，赴同济大学跟随张秋先生学习交通工程知识。

徐吉谦虽然早些年教授过"城市道路设计"这门课，与交通工程知识有所交集，但对交通工程学科始终未窥全貌，所幸张秋先生准备得十分细致，讲义翔实，有问必答，徐吉谦获益匪浅，更加深刻地了解了交通的原理、问题以及解决问题和矛盾的思路、方法。就交通规划问题，徐吉谦曾回忆道："我们做交通规划的，交通规划第一条便是预测，预测经济社会发展背景下交通流量如何分布，怎么出来的，为什么会有这么多，时间上、空间上怎么分布，（张秋）先生就给你讲明白怎么搞，那时我的思想就开始转变了。"

曾有过北京0401公路、宁六公路等工程实践经历的徐吉谦，深感交通工程学科的重要性，曾经面对的道路建设中如何规划、如何设计、如何管理与控制等问题，通过学习都获得了详细且科学的解答。这让徐吉谦对于交通工程的兴趣日渐浓厚，如饥似渴地学习、钻研。在听取张秋先生讲学并进行了国内外资料的研读后，徐吉谦逐渐形成了对交通工程理论的整体认识，并逐渐开始了开设交通工程课程、创办交通工程专业的探索与实践。

赴同济大学参加交通工程讲习班的徐吉谦

02 敢为先锋 大路椎轮

—— 创办交通工程学科

国家之昌盛，有赖于百业之发展；行业之发展，有赖于人才之济济；而人才之培养，必须创新之教育。在张秋先生讲学之前的交通教育，鲜有涉及交通的规划、管理与控制等方面，而随着社会经济的发展，便逐渐凸显出其重要性。因此，中国的交通要发展壮大，就需要依靠创新的交通教育，亟须建立交通工程的课程与专业，培养交通工程人才。

徐吉谦在听了张秋先生讲学后，决定逐步创办、建设南京工学院（现东南大学）的交通工程学科。但作为一个新的学科、专业，应当如何建设，仍然是个问题。张秋先生在讲学中介绍了美国交通工程学科的开展状况，有的学校不设专业，只是在道路系下面增加课程和学分，有的是设置了独立专业，让交通工程学科独立出来。徐吉谦起初支持在现有的道路专业上进行改良，不必设置新的学科，以更快地建设交通学科，并和道路专业相互补充适应。之后因受到北京工业大学任福田[①]老师的影响，赞成创办交通工程专业，认为如果不创办独立

---

① 任福田，1934 年生，河北省沧州市东光县人，交通工程专家，是我国交通工程专业创始人之一。北京工业大学教授、博士生导师，中国交通工程协会常务理事，北京市有突出贡献专家。1979 年在国内率先创办交通工程专业。1996 年，在国内第一批建立交通工程博士学位授权点，多次获得省部级奖励，两次获得国家科技进步二等奖。2018 年荣获"全球华人交通运输学科终身成就奖"。

与任福田合影

的专业,该专业就没有地位,其理论和实践就无法深入并受到重视,也自然没有办法跳出过去学科的藩篱,产生独立的价值。

新学科的创办,应当以什么为基础呢?南京工学院土木系经过研究,认为以南京工学院的道路方向为依托,逐步建立交通工程专业较为稳妥。这样发展,一是可以发挥南京工学院道路工程的学科优势,二是联系了道路交通为中国主要交通方式的实际。

徐吉谦对此表示认同,并且总结了交通工程和道路工程的关系。在他看来,交通工程和道路工程体现了道路交通事业的不同过程,其相互联系,却又相互区别。首先是联系,交通工程中的交通调查、交通规划,是城市道路设计、施工的基础,而交通工程中的管理、控制,又是道路设计、施工的后续。然后是区别,交通工程有属于自身的、区别于道路工程的理论和方法,在具体工作上和道路工程有不同的任务分工。

当时我国鲜有高等级公路,而随着经济社会的发展,高等级城市道路与高等级公路的需求会逐渐增加,如何规划好这些道路是解决中

南京工学院土木系道路教研组全体合影

国交通发展问题的重点。因此,徐吉谦认为,交通工程学科建设要从交通规划方向着手,解决交通规划理论的问题,解决好了这个问题,才可以把道路设计好、建设好,只有把道路设计好、建设好,才会有管理和控制问题。

徐吉谦由于有讲授"城市道路设计""公路勘测设计"课程的经验,而这两门课与交通工程密切相关,加之他有工程实践经历,其对我国道路交通的现状较为了解,因此成为启动交通工程这门学科的不二人选。

徐吉谦认为在结合我国交通实际,不照搬国外模型、理论和标准的研究原则之下,首先要研究适合国情的道路交通通行能力理论和标准,并对OD调查(交通起讫点调查)、分配、预测等方面展开研究,以逐步建立符合我国实际的交通规划理论框架。

除了开设交通工程选修课,徐吉谦还来回奔波于当时的交通部、公安部、教育部、国家计委四个部门,但三次申请创办专业未果。之后他经人指点,决定先做出成果,用成果证明交通工程新学科建立对国家发展的价值,从而让学科创办水到渠成。

1987年南京工学院以道路工程为依托,正式创办交通工程学科,交通工程专业开始独立招生,第一届招收了19名学生,其中的15名学生以交通工程为第一志愿专业。

交通学院在成立之初,办学条件较为艰苦,向学校申请的 10 万元新办专业建设资金,由于种种原因只批准 8 000 元,但筚路蓝缕,以启山林,徐吉谦提出"科学研究—教学—生产"三元结合的专业建设之路,在艰苦的环境中依旧砥砺前行。正如徐吉谦的学生、时任交通运输部副部长的刘小明在 2017 年 6 月徐吉谦学术思想交流会上所言,徐先生开创了中国城市交通规划理论,推进了中国交通工程科技进步,为我国交通工程学科的发展做出了贡献。

徐吉谦之思想是"实践论"与"矛盾论"观点在交通领域的诠释,引领了此后南京工学院交通学科建设的工作。之后南京工学院(现东南大学)交通工程学科的蓬勃发展,也是对其高屋建瓴思想的印证。

从此,东南大学交通工程学科开启了从初生到辉煌的历程,成为交通研究和交通教育璀璨星空中颇为明亮的一颗。以交通工程为重要基础的东南大学交通运输工程学科也逐渐发展成为我国"双一流"顶尖学科。

在交通工程学科会议上发言

03 高瞻远瞩　开拓创新
—— 为学科发展进行理论探索

为了学科高质量发展，在纵向课题方面，徐吉谦主持了"平面交叉口通行能力研究""城市环形交叉口通行能力研究""交通工程学科发展战略研究""城市交通发展战略规划理论与方法"四项国家自然科学基金项目，"大城市辐射交通与城乡结（接）合部交通规划研究""单向交通与专用道路管理技术标准的研究"两项国家"七五"科技攻关项目的子课题。在横向课题方面，徐吉谦带领同学们进行了南京市、合肥市、马鞍山市和郑州市的城市综合交通规划。通过纵向和横向的科研项目，徐吉谦和其团队为初生的中国交通工程学科方向，贡献了宝贵的经验和理论体系。

在科学研究中，徐吉谦所秉持的态度首要就是实事求是，从中国实际问题出发，解决中国实际问题。在具体落实上，徐吉谦一是高屋建瓴，二是严谨认真。

运筹帷幄：谋篇布局，描绘交通发展蓝图
徐吉谦研究时总是高屋建瓴、运筹帷幄、谋定全篇。
在全国交通工程理论研究领域，他是领航员。国家自然科学基金委员会成立不久，徐吉谦就担任了国家自然科学基金第一届交通工程

参加国家"七五"科技攻关会议（1987年，左起1徐吉谦、2李峻利①）

南京市战略交通规划国内专家咨询会专家合影（1997年3月，前排右2徐吉谦）

---

① 李峻利，1940年生，江苏苏州人，东南大学教授。毕业后在南京工学院土木工程系道路教研组任教。曾任东南大学交通运输工程系副主任、交通学院副院长。参加国家《公路路线及路基设计手册》编写，出版全国高等学校教材《路线设计》《路基设计》《路基设计原理与计算》《交通工程设施设计》和《运输工程》等。

类项目的评审专家，并主持完成了"交通工程学科发展战略研究"项目，对我国交通工程学科发展特别是国家自然科学基金对于交通运输领域重点支持发挥了引领作用。

在东南大学交通工程理论研究方面，他是规划师。在大的方面，其申请的课题，总是环环相扣。在小的方面，其分配给学生们的研究方向，也都是相互补充。当初的布局，恰形成了当今交通工程重要的理论体系，安排得当，精妙绝伦。

但徐吉谦高屋建瓴的思路，远不止于此。在指导学生陈学武（现为东南大学交通学院教授）开展城市轨道交通客流预测理论方法研究时，徐吉谦基于其对其他国家的了解以及对我国城市交通供需发展规律的认识，提出了一种重要的思路：宏观控制、微观竞争。

首先，中国的现状为人多地少，而道路建设往往需要大量的城市土地空间，随着中国城市化进程的加快和中国机动化的加快，必然出现供给跟不上需求的情况。城市土地、城市道路是慢变量，且是有一定边界的，而交通的需求却是快变量，是不断增长的。因此，徐吉谦认为，中国的交通发展，不应该照搬美国的交通建设的经验。美国的现状与中国不同，地广人稀，其交通建设自然有其规律；而中国需要走出美国的规律和套路，走出自己独特的路。欧洲的状况和中国相似，在20世纪60年代时，欧洲曾大力推行小汽车交通，但是法国政府后来发现了交通供需的问题，如果任由小汽车交通发展，一是可能出现供给瓶颈，二是可能破坏城市的历史文化风貌，因此法国转而推行了城市公共交通作为主导的交通方式。

经过总结他国的经验和教训，徐吉谦认为，中国的交通发展，在宏观上要进行控制。城市发展的边界在何处，交通的供给边界在何处，各种交通方式如何有效地组合，是必须进行宏观控制的，要明确以轨道交通、公共交通作为城市交通的主干，否则就会出现供需的失调，让原本助力于城市发展的交通成为破坏城市风貌的弊病。此外，在微观上，徐吉谦倡导竞争，即各种交通方式，同一种交通方式的各条线路在微观层面上相互竞争。出行者选择一个最适合于自己的出行方式，以谋求各种交通方式效率的较大化。

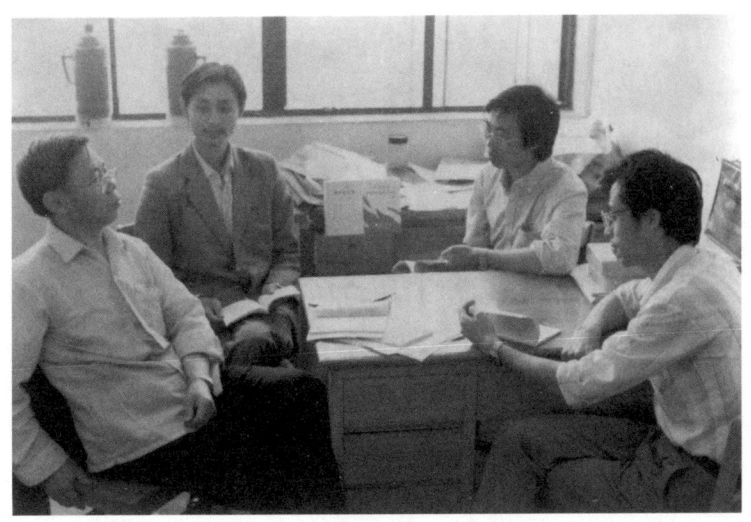

交通工程教研室党支部生活会（左起徐吉谦、乔凤祥①、杨涛、王炜）

参加杨文军（左）、陈学武（右）硕士论文答辩（1992年）

这种控制的观点、竞争的观点，放到现在也丝毫不落伍、不过时。所谓高屋建瓴、谋定全篇，莫过于此，系统与控制的观点，为中国之后二三十年交通的发展，以及未来交通的发展，勾勒了明确的蓝图。

---

① 乔凤祥，江苏泰州人，教授。全美华人协会会长、美国得克萨斯州南方大学终身教授。

参加全国部分大城市缓解交通拥挤堵塞研讨会（1998年10月，前排左3徐吉谦）

  徐吉谦在科研上高瞻远瞩，也实实在在惠及了城市交通的发展。他的学生黄富民（现为江苏省城市规划设计研究院有限公司总工程师）介绍，徐吉谦曾在20世纪80年代承担横向课题，为南京市做城市综合交通规划时，就已经运用到了这种系统与控制的思路。其在南京市综合交通规划中，提出了建设南京地铁一号线和二号线的方案。20年后南京地铁一号线开始建设，该线路的走向、选址基本按照徐吉谦20年前的规划。而20年间，由于对附近土地利用合理的控制，让这条地铁的造价只有每公里4亿元，远远低于其他地铁的造价水平，不光省了一大笔资金，也惠及了一方百姓。

  行胜于言：脚踏实地，实事求是

  据中国城市交通规划学术委员会副主任委员、北京市政府原首席交通顾问、北京市交通发展研究中心原主任全永燊回忆，当时国内的交通出行方式主要是步行和自行车，还有少部分公交车，基本没有轨道交通。北京、天津、上海等城市步行加自行车的比例占

指导学生毕业科研设计工作（左起 1 徐吉谦、2 周宪华）

参加杨涛博士毕业答辩
（左起王炜、李峻利、徐吉谦、崔功豪[①]、任福田、邓学钧[②]、杨涛、过秀成）

[①] 崔功豪，1934 年生，浙江宁波人，南京大学教授。曾任中国地理学会城市地理专业委员会副主任，中国城市规划学会理事，中国区域科学协会常务理事，中国行政区划研究中心兼职教授，南京城市科学研究会副理事长。

[②] 邓学钧（1937—2023），江苏苏州人。1960 年毕业于南京工学院。曾担任国务院学位委员会交通运输工程学科评议组召集人。带领交通学院荣获第一个国家教学成果奖，指导的博士生学位论文获全国首届优秀博士学位论文奖。1989 年东南大学建立交通运输工程系，担任运输工程研究所所长。

70%~80%，剩下的是公交车。出租车很少，没什么人能坐得起。

当时我国的机动化已经开始萌芽，直到20世纪90年代中期真正的爆发，此前城市交通的主要问题是非机动车和机动车的干扰，道路也有拥堵现象。但当时的拥堵和现在不是一回事，当时主要是基础设施欠账太多、非常落后，无论是道路网、公交网还是城市交通管理都很落后，法治手段也很欠缺。为了提出适应我国的交通规划理论，支撑交通学科的发展，徐吉谦前往许多城市，做了大量的交通调查，通过脚踏实地的严谨调查获得了很多具有实际意义的数据资料。

徐吉谦曾和南京市政府合作，开展环形交叉口通行能力研究。为了完成项目，徐吉谦和学生王炜（中国交通工程第一位博士研究生，现为东南大学教授）一起做了大量的调查。根据学生杨涛（现为南京市城市与交通规划设计研究院股份有限公司董事长）回忆，当时的调查表格"一摞一摞，一叠一叠"，而且调查表格的内容十分翔实。所谓没有调查就没有发言权，莫过于此了。徐吉谦就是在每个项目中如此用心、严谨，不该省的绝对不省，需要做的再烦琐也要做，才能取得卓绝的成就。而那时，徐吉谦已经年过半百。

徐吉谦的研究总是跟随时代发展和现实需求。那时，我国自行车数量很多，但对于自行车交通的研究经验几乎为零，即使是国外，相关研究经验也不多。针对此问题，徐吉谦做了交通调查，并写了很多有特色的学术文章来阐释自行车交通下的交通规划。到了20世纪80年代初，中国开始修建高速公路，当时这种高等级路网与城市道路的接入是前所未有的问题。徐吉谦因此就这个问题带着学生在十几个城市做调查，并翻查许多国外资料，开展了"大城市辐射交通与城乡结（接）合部交通规划研究"等项目。

04 以书为记 星火燎原
——为学科建设编撰教材

教材是学科学习之根本所在,是教育的重要工具,也是推广学科的有效途径。1979年之前,国内还没有系统完善的交通工程学科教材,这也让交通工程教学始终处于瓶颈阶段。徐吉谦在听了张秋先生讲学后,结合其之前的理论知识和工程经验,查阅了大量资料,于1981年编著了《交通工程学基础讲义》,并以此讲义为基础,开设交通工程的选修课。之后,他又对讲义进行了总结,编著了《交通工程学基础》专业教材。

徐吉谦编著的《交通工程学基础》教材

该教材广受欢迎,成为当时国内很多学校交通学科的专业教材。

徐吉谦在编著教材的过程中,注重理论与实际相结合,不说空话,不单独讲理论,而是结合工程问题,让交通工程理论落实到实际工程问题上。另外,徐吉谦对他国经验十分关注,当时中国的现代机动交通还刚刚起步,交通工程理论也刚刚萌芽,他在教材中介绍了国外较为成熟的交通理论和实践经验,让学生明白交通工程到底是什么、怎么搞、怎样搞好。同时,徐吉谦重视中国的实际问题,绝不只是"拿来主义",让交通工程理论适应中国社会的土壤和中国的工程实践。

徐吉谦在教材的编撰和更新中,十分注重教师和学生的使用情况,耐心听取教师和学生的建议,严谨认真地提高教材内容质量,主编了《交通工程学总论》教材。几十年来,《交通工程学总论》等教材已经更新多版,既有丰富的理论知识和实践问题,又有对未来发展的展望。

学以致用:交通知识服务于交通实践

徐吉谦的学生、南京市城市与交通规划设计研究院股份有限公司董事长杨涛后来总结了徐吉谦对交通的"五观",其中就有一项"工程观"。在徐吉谦看来,身为工科学生,必然需要将知识落实在工程当中,不然空有理论,纸上谈兵是没有用的。因此,徐吉谦编撰教材时,一是将理论讲透,让学生明白为什么这样做;二是将理论转化为技术要点,让学生明白在工程实践中怎么做;三是将理论系统讲,因为交通工程问题从来都是系统问题,如果脱离整体看局部,那必然是盲人摸象。

《交通工程学基础》系统地介绍了交通流基本理论、道路交通调查分析、道路交通通行能力理论、道路交叉口通行能力理论、交通

赴长沙参加教育部教材编撰会议(1991年)

规划理论等，同时，书中还包含了交通规划的实践案例和方法、交通管理和控制、交通安全、交通环境等。该书可谓既是一本学术教材，又是一本技术手册，学生在学习时能懂，在工作实践中能用。

博观天下：专业教学接轨国际

徐吉谦早在张秋先生回国讲学之前就已经通过国外的专业书籍了解到了前沿的交通研究成果，他在编著《交通工程学基础》教材时，也在书中讲述了这些国外研究成果。如教材中的环形交叉口理论借鉴了英国的研究，信号控制理论借鉴了澳大利亚、美国的研究。

当时我国的机动化交通刚刚起步，交通工程领域的研究基本还是一张白纸。但是徐吉谦的这些努力，为年轻的学子和老师打开了一扇新的窗户，让国内交通的研究者从一开始就可以睁眼看世界，为国内交通工程研究落下了精彩的一笔。

因地制宜：联系中国实际，解决中国问题

徐吉谦编撰教材，虽然博观天下、博采众长，但也不是"拿来主义""本本主义"。他始终强调，中国的交通教学、研究，是要服务于中国交通实际的。中国的交通与国外的交通状况不同，因此，我们的理论方法以及实践必然也会存在差异。如果按照国外的经验生搬硬套，最终只能误事。

中国的交通存在什么特点呢？一是混合交通特征明显；二是行人交通、慢行交通比重大；三是人口众多，城市土地利用需要集约化。这些特征，也同样影响了徐吉谦在编纂教材时的思考。

同时，徐吉谦认为，中国的交通，历史发展悠久。虽然机动化交通在近代起步，在近几十年随着工业化的发展才逐渐发展壮大，但是传统的交通问题，确实古来有之。千年之间，我国的传统经验和智慧，也应该总结和思考，应该阐述清楚中国交通的历史、由来和实际。唯此，才能知根知底，继往开来。

正是抱着这种态度，徐吉谦在教材中广泛介绍了中国的交通工程实际，如书上谈到了我国合肥等城市的典型路网，并介绍了我国历史

参加非机动车交通国际学术会议（1994年，前排左2徐吉谦）

上尤其是新中国成立以来的交通发展成就。此外，针对我国慢行交通、混合交通的特征，徐吉谦在书中重点介绍了自行车交通规划，针对我国人口众多、人多地少的特点，重点讨论了城市交通规划问题。

精益求精：严谨认真，循序渐进

徐吉谦认为，教材是面向教学、面向学生的，因此必须力求让学生理解、吃透。因此，他编纂的教材，遵循循序渐进的原则，从概论到具体成体系的知识点，再到课后的研讨和习题，无不如此。而且，既然是教材，必须力求严谨，根据陈学武介绍，徐吉谦对教材有很高的要求，每次修编时，参与编写的老师都会询问各个学校老师和学生的使用体验，以反馈给徐吉谦，共同进行改进。

此外，教材内容也不是一成不变的，时代在更新，新技术、新概念的提出，让交通工程更加智能化。徐吉谦编著的《交通工程学总论》教材，随着时代向前，也在不断地迭代和进步。一方面，教材在迭代的过程中包含了最新的交通工程动态、未来发展的趋势；另一方面，其中的基本理论知识部分依然系统和坚实。可以说，从基本理论到研究前沿循序渐进，在脚踏实地的前提下，仰望星空。

05 春风化雨　兴教之源
——为学科未来培养人才

徐吉谦致力于交通工程学、城市综合交通规划设计与现代城市交通管理及综合治理研究，先后为本、专科生与研究生开设专业课及专业外语等10余门课程……他为教学、科研与规划设计做出了巨大的贡献，其做事、做人处处彰显着学者风范。

树德：为人之道，亦是学者之道

学科发展归根结底还是要靠人来实现，高素养的专业人才培育是学科蓬勃发展的动力。对于"后来之人"的培养目标，徐吉谦提出了自己独到的见解。他认为培育过程要注入"修身、齐家、治国、平天下"的家国情怀，让专业人才真正有用于国家和社会。

据杨涛介绍，其本科毕业设计跟随徐吉谦开展，第一次见面时，徐老师并没有急于给他布置任务，也没有询问他关于专业方面的情况，而是告诉他，做学问，首先要做人，做一个对人民、对国家、对民族有用的人，要把自己的所学奉献给社会，为百姓谋福，为国家谋强。纵使几十年过去了，徐吉谦的话语，放到现在依然充满力量。

而据黄富民介绍，徐老师第一次见他就给他背了一首唐诗，用诗句来告诉学生，做学问、做人不能好高骛远，要脚踏实地。黄富民说，徐老师具有中国古君子的作风，有风骨、有气节、有文化，心系的是

徐吉谦与学生黄富民

学科发展,是国家交通事业,而无半点私利。

事实上,徐吉谦也并非只是对学生言传做人做学问之道,身教重于言传,他一直以自己的行为给学生做最好的榜样。

在建设宁六公路时,有人要给徐吉谦送煤气包,被他严词拒绝。他认为,那不是他应该得到的,纵使再便宜,也不能要。在学校希望有老师去同济大学听张秋先生讲学时,徐吉谦不畏惧困难,担当起重任,不包含丝毫的利己主义,有的仅仅是无私为公,一心求南京工学院(今东南大学)交通学科之发展、求中国交通事业之进步的奉献精神。

即使徐吉谦退休,学生成才立业,他还是不忘记教诲这些弟子们,在岗位上要保持清廉,不该自己拿的东西坚决不要,要一心一意做工作、求进步。

立教之本,兴教之源。正因为有徐吉谦这样一位有操守、有信仰的学科开拓者,才有一个又一个挺拔的脊梁,撑起中国交通事业的发展,顶起中国交通事业的一片天空。

育人:循循善诱,诲人不倦

徐吉谦教学生,总有股认真劲,对学生认真,对自己也认真。以上课为例,徐吉谦上课,一是要求自己对课程内容、教材内容特别了

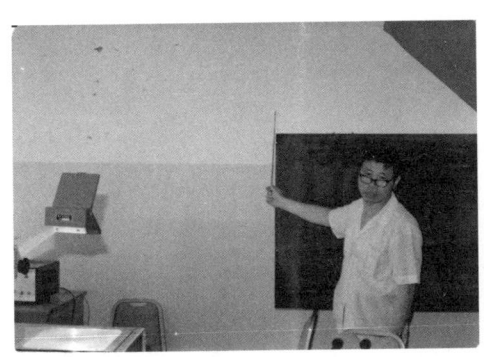 

徐吉谦在课堂讲课

解,二是要求自己掌握方法,时刻观察学生的状态,并和学生互动。如果学生眼神迷茫,便是没听懂,便停下来再讲讲。他的教学目的从来都是让学生明白、理解,而非仅仅完成教学任务。

徐吉谦作为学校的教学督导对校内教学进行督导时,是这样要求任课老师:一个老师只有对自己要求认真,才能让学生学习认真。不然,上课总会是"言者谆谆,听者藐藐"了。

除了教学,在指导学生科研上,徐吉谦也总是有一股认真劲。当初学生本科毕业设计是研究南京长江大桥的通行能力,在调查设计中,徐吉谦亲自为学生把关,考察调查方案是否合理,是否符合实际,要求学生做学问要"一切从实践出发",所谓实践出真知。

此外,为了让学生加强对专业的理解,徐吉谦还曾经把自己的英文专业书籍给学生看,让学生翻译出来,并钻研书中的研究成果。根据黄富民回忆,翻译大部头的专业书刊,虽然困难和辛苦,但是收获颇多。人就是要有一股子认真劲,做事做学问才可以做好。

提携:三沐三熏,以言举人

"中国是我们的,也是你们的,但是归根到底,是你们的。"培养人才,是为了中国交通未来的发展,为了这个目标,徐吉谦始终把中国交通的发展,放在了年轻后辈的身上,慷慨地给予后辈发展锻炼的机会,促进他们的成长,并且在学生学习的过程中,对学生关爱有加,让后辈感受到温暖。

带领学生在北京实习（左起王炜、徐吉谦、吴宝涛、胡龙泉）

徐吉谦和学生陈学武

徐吉谦的关心、提携是无私的。在学生的科研和工程实践中，他给予了大量的帮助，提供了很好的机会。在杨涛读研究生时，徐吉谦让他投稿一篇学术论文。由于是第一次写专业学术论文，杨涛当时并没有经验。于是，徐吉谦亲自帮助他修改了一稿又一稿，最终达到了投稿的质量标准。尽管徐吉谦在其间付出了大量的努力，却反对在论文作者中留下自己的名字。

在纵向课题方面，杨涛和王炜需要申请国家自然科学基金时，徐吉谦帮助他们修改申请书，给他们指点，以帮助他们顺利获得科研项目。而在横向课题方面，他们分别承担了南京、合肥、马鞍山、郑州的城市综合交通规划，积累了丰富的工程实践经验，而这些机会，也是徐吉谦给予他们的。

徐吉谦的关心、提携是温暖的。学生陈学武读研究生做论文时，由于国内交通研究刚刚起步，其所做的方向资料太少，难以找到合适的资料可供参考。于是，徐吉谦便通过其在学术界积累的人脉帮助陈学武寻找合适的学习和参考资料，以此帮助她完成论文设计。

第一届东南大学交通工程本科专业学生毕业时，徐吉谦送给52871班学生邢渊一首蒲松龄的《自勉联》："有志者，事竟成，破釜沉舟，百二秦关终属楚；苦心人，天不负，卧薪尝胆，三千越甲可

东南大学 55881 届毕业聚会合影（左起 2 乔凤祥、3 徐吉谦、4 杨涛）

吞吴。"徐吉谦在对他的毕业寄语中写道："我想你们年轻人任何时候都要努力向前，战胜困难，争取胜利。"这张寄语一直被邢渊保留，鼓励着他在专业上勇往直前。

徐吉谦的关心、提携是严厉的。学生宋家骅回忆，读研究生时，大家看到指导老师名单后，当时徐老师指导的两个学生都露出了"完蛋了"的表情。徐吉谦当时已经退休，但是每周都要求学生至少向他汇报两次研究思路和进展，并和他们做深入的探讨和交流。对于不足的地方，既有严厉的批评，更有耐心的指导。他们也因此变成了毕业设计期间"最忙"的两个学生，当然他们的进步也是所有学生中最明显的。

正是因为徐吉谦的关心、提携，他的学生一个个都有了杰出的成就，为中国的交通事业做出了巨大的贡献。当这些如今学术、工程界的巨擘回忆起老师时，眼中依然闪烁着光芒。

徐吉谦退休之后，仍然不忘为学科发展育人。2017 年，徐吉谦及其曾指导的研究生为激励有志于投身交通事业发展、创新能力突出的东大优秀学子，设立了奖学金，同时为纪念张秋先生，奖学金被命名为"徐吉谦－张秋"奖学金。获得该奖学金已成为每一位优秀交通学子的"标配"和追求。

开创:建立交通工程教学体系,培养我国第一个交通工程博士

徐吉谦在教学上丝毫不马虎,有一股认真劲。同时,对专业有着深刻的思考,他明白交通工程到底是什么,需要什么知识,如何才能培养好的交通工程师。

徐吉谦认为,交通工程是一个系统性的工程,要从整体看局部,不可脱离整体。一条道路的规划、设计,始终要放在路网当中,放在区域当中,放到城市各种运输方式的组合当中去看,综合考虑其对交通、社会、经济、民生的影响。而传统的土木专业的教学体系,显然是缺少这些考虑的。为了让学生能有系统思维,徐吉谦专门请了数学学院的老师为学生讲解系统论:一是培养学生的系统思维,以在未来的规划设计中,不一叶障目,可以把握全局,可以运筹帷幄;二是培养学生的数学性。在徐吉谦看来,交通工程还是一门交叉性比较强的学科,同时又是工程科学,需要学生将各种因素量化考虑,综合分析,以让多学科的知识服务于工程实践。

徐吉谦还认为,交通是城市的组成部分,是国土资源规划的组成部分。因此,交通的规划设计,要放到城市规划中,放到国土规划中

王炜博士论文答辩
后排左起:李峻利(1)、王炜(3)、邓学钧(6)
前排左起:邵容光(1)、张仕周(2)、杨佩昆(3)、丁大钧(4)、徐吉谦(5)

徐吉谦与学生王炜

去考虑。于是乎,他又邀请建筑学院的老师来为学生讲解城市规划。

徐吉谦对交通工程深刻的理解,让其对交通学科的教学体系有了一个整体的构想,根据这个整体构想,他又亲力亲为,促成了交通工程教学课程体系的构建。而这个课程体系一直被很多学校沿用至今。这说明,在新时代的中国,虽然交通状况已经发生了天翻地覆的变化,但是徐吉谦对于交通教学的构想依然不落伍。

在此人才培养理念下,徐吉谦培养了我国第一个交通工程博士——王炜(1989年),这也是中国交通学科发展史上一个里程碑式的大事,这标志着一个从零到一的突破,也标志着新一代交通研究者接过了接力棒,逐渐成为中国交通事业的顶梁柱。

王炜回忆,在他做硕士、博士论文时,遇到了种种问题,而这些问题也都倚赖徐吉谦才得以解决。一是理论知识问题。在王炜硕士论文开题前,徐吉谦建议其去拜访行业内的研究者,以加深对该学科的理解,做好论文。他还为王炜书写了介绍信以及访谈提纲。王炜利用徐老师给予的机会和帮助,拜访了北京、哈尔滨、长春等地的专家,丰富了对学科的认识,最后做出了一篇漂亮的硕士论文。通过调查研究,王炜发现其论文中需要使用运筹学知识,尤其是排队论知识,但是作为传统土木教学体系下培养的学生,他对于该领域尚不了解。于是徐吉谦请管理工程系的老师给他开了"小灶",单独讲解系统工程、运筹学,以帮助他开展论文撰写。二是评审问题。当时国内没有交通工程方向的博士,因此很难证明王炜的博士论文已经达到了博士毕业的要求,徐吉谦为此也做了很多的工作。他发送了40份论文评阅书,请国内该领域有高级职称的专家都来评审,在规定时间内收回了34份(有6份因专家出国或地址不详超过了规定的回收时间)。博士论文答辩时来了17位专家(其中有9名答辩专家,8位列席专家)进行答辩评审。当初如果没有徐吉谦的帮助,博士论文很难顺利通过。后来王炜成为东南大学交通学院的院长、国家杰出青年基金获得者、长江学者特聘教授、国务院学科评议组交通运输工程学科的召集人,一直传承着徐吉谦的育人精神,尽心培养着下一代交通人才。

06　继往开来　自成一格
—— 独特的学术思想

在徐吉谦九十岁寿辰会上，学生杨涛提出用"五观"来总结徐吉谦的学术思想。杨涛认为徐吉谦是中国交通工程学科的开拓者和奠基者之一。作为中国交通工程学开拓者，徐吉谦视野开阔、高瞻远瞩，目光锐利、思维敏捷，最早提出并确立了交通工程理论与实践应当树立的"系统观、区域观、控制观、工程观和创新观"。

第一是"系统观"。徐吉谦认为交通问题必然要从系统的角度思考，不能单独从工程论工程，要把经济社会发展、老百姓出行发展的需要、各种运输方式的组合作为一个系统。

在学科布局上，徐吉谦注重交通的系统性，亲手绘制交通工程学科树，全面反映了交通工程学科的基础知识、基础理论、基本内容、基本关系、基本原理，形成了基本完整的学科体系，强调了城市交通运量、运力、运基、运管、运环五大系统的综合平衡。

在交通研究和教学上，徐吉谦力求实现完整的理论方法体系。在交通学科创立之初，为将学科的系统性研究透彻，徐吉谦将交通学科分为不同研究方向，在研究生选题方面精心筛选布局。20 世纪 90 年代，他已经带领弟子们形成了相对完整的城市综合交通规划理论与方法体系，从模型到体系去丰富不同交通形式的系统，他所指导的研究工作总结下来就是完整的交通规划发展认知，这是他对交通规划发展的顶层设计。而且他十分重视研究生教学和培养中的系统工程知识及应用，提议在研究生课程中开设系统工程、城市规划等交叉学科，训练研究生在论文研究中的系统思维、系统理论和系统方法。

在工程实践上，徐吉谦着眼交通系统，进行统筹规划。东南大学曾和南京市合作，由徐吉谦领衔进行南京市总体交通规划工作。为了完成这项规划任务，他对各个学生的研究任务进行了布局，并统筹这些研究任务，让交通规划有了系统性、科学性。

第二是"区域观"。徐吉谦从区域的经济发展、交通网络、社会发展角度思考交通网络，提出"近而不进、绕而不扰"的原则，较早意识并重视高等级公路选线与城镇空间布局的协调关系；开展城市出入口道路交通特性与规划技术标准、城乡结（接）合部交通特性与规划及评价方法、大城市辐射交通特性与规划理论与方法等研究。这些就是徐吉谦学术思想中的区域观。

第三是"控制观"。交通的需求是快变量，供给是慢变量。供给包括土地资源、道路资源等，变化是慢的，是有限的，且交通建设的影响，既有正面影响也有负面影响，这种供需之间的不平衡，就需要控制观。这不仅局限于交通信号的控制，徐吉谦的控制观是更为宏观的、系统的，他在城市交通系统管理（Transportation System Management，TSM）和城市交通需求管理（Transportation Demand Management，TDM）的基础上，最早从城市与交通协同规划七个方面提出了城市交通广义控制管理（Traffic Control Management，TCM）。这种在三十多年前提出的思想，到现在仍然不落伍。

第四是"工程观"。徐吉谦始终强调并身体力行，交通科技工作者应建立理论联系实际的"工程观"。徐吉谦既有深厚的道路交通理论功底，又有十分丰富的工程实践经验。他担任全国第一条高等级公路总体设计技术负责人、南京城市综合交通规划总体技术负责人等，树立了理论联系实际的楷模，又大胆放手让年轻弟子们担任合肥、鞍山、马鞍山等大城市综合交通规划的负责人，并给予悉心指导、鼎力支持。退休后他还经常提醒弟子们，要面向实际、从实际出发，做学术论文，不能只是推导几个公式就了事，而是要和现实中的实际问题结合，否则提出的方法就是无本之木。

第五是"创新观"。徐吉谦认为工科学生要坚守创新观，不要自以为是，要自以为卑。要从自己的方面找问题，敢于质疑自己。他推崇王国维的人生学问三境界："昨夜西风凋碧树，独上高楼，望尽天涯路"，他认为这一境界代表了"另辟蹊径、敢于创新"的学术态度；"衣带渐宽终不悔，为伊消得人憔悴"，徐吉谦将这一境界解释为"耐得寂寞、坚持真理"；"众里寻他千百度，蓦然回首，那人却在，灯火阑珊处"，这第三层境界所体现的即是"明察秋毫、融会贯通"。

徐吉谦的另一位学生黄富民对老师的学术思想总结为"四性"：第一，做任何事情都要求有"科学性"，他对于一件科学性存疑的事情宁愿不去做；第二，做事情要有"系统性"，他对于所选课题，都是自己先做研究，之后再指导学生；第三，要具有"理论性"，他十分强调模型、数学推导的重要性，认为学术成果只有具有理论性，才是可复制可推广的；第四，注重"实践性"，他在做事的时候，要求理论与实践相结合。难能可贵的是，徐吉谦在当时那个年代，就为学生联络好省内外的城市，要求学生对从整体到具体的各项指标数据进行调查，这些调查为后来的研究起到了非常重要的作用。

07　大道薪火　一脉成就
—— 成就与荣光

著书立说以育人、树德育人以凝聚发展力量、凝聚力量以进行理论攻坚、理论建设以服务国家交通发展、服务工程实践。徐吉谦的出发点和落脚点，始终在中国交通的发展上，始终在东南大学交通学科的发展上。

一路艰辛，荣誉等身

徐吉谦曾任交通运输部高校教材编审委员会委员，中国土木工程学会理事，中国交通工程学会理事，中国城市交通规划学术委员会委员，中国国家自然科学基金委员会评委，中国市政工程学术委员会委员，中国城市道路交通工程学术委员会副主任，中国当代科技重要著作丛书交通领域编委，江苏省城市科学研究会理事，江苏省城市规划学会理事及荣誉理事，江苏省交通工程学会委员，南京市土木建筑学会理事、道路桥梁学术委员会主任，《华东公路》杂志副主编，南京市城市规划建设咨询委员。退休后受聘为北京市首都规划建设委员会专家、公安部无锡交通管理科学研究所特约研究员等。

他主持、参加或负责完成了南京市、郑州市、合肥市、马鞍山市、镇江市等多项综合交通规划项目，其中大多数项目在评审与鉴定会上被评为填补国内空白、国内领先水平。先后获国家科学技术进步二等奖2项，省部级科学技术进步与优秀规划设计一等奖4项，省部级科学技术进步二等奖4项、三等奖3项，合肥市与南京市科学进步一、二等奖各1项，其他省部级科技成果奖3项。

在学术著作与教材建设方面，编、著、译、合编的成果有：《交通工程总论》(获交通运输部优秀教材一等奖)、《交通工程学基础》《交通工程学导论》《现代城市交通》《城市交通工程与街道规划设计》《城市交通规划理论及其应用》《发展我国大城市交通的研究》《交通工程发展战略研究》《城市交通规划》《城市交通规划理论与方法》《公路设计》《交通流理论》《交通工程手册》及《南京的交通》等10多部，先后发表科技论文90余篇，培养硕士生、博士生近30人，多次主持与参加全国性学术研讨、评审、咨询、鉴定等会议。1992年获国务院颁发的政府特殊津贴。

2018年6月9日上午，徐吉谦荣获"全球华人交通运输学科终身成就奖"，该奖旨在表彰为华人交通运输学科建设、人才培养做出突出贡献的专家学者，由国际华人交通运输协会（ICTPA）授予。

"全球华人交通运输学科终身成就奖"颁奖仪式
（左起乔凤祥、徐吉谦、吴刚[①]）

---

① 吴刚，1976年生，浙江东阳人，教授。东南大学党委常委、常务副校长，中国青年科技工作者协会会长。

2019年5月18日,由中国公路学会交通工程与信息化分会主办的"中国交通工程专业创办40周年研讨会"召开,会议上徐吉谦被授予"中国交通工程专业终身成就奖"。

徐吉谦教授被授予中国交通工程专业成就奖
(左起徐吉谦、陈峻①)

2019年,新中国成立70周年,徐吉谦获得了中共中央、国务院、中央军委颁发的"庆祝中华人民共和国成立70周年"纪念章,这是对徐吉谦几十年工作奋斗的肯定,对徐吉谦开创东南大学交通工程学科,并带领其走向世界一流学科努力的赞扬。

从"四个人、一间房"到一流学科、全国第一;从第一个博士,到桃李满天下,学问播四海;从第一条高等级公路,到无数国家重点工程项目。昔日一点星火,如今已然燎原。正因为有了徐吉谦等人的努力,东南大学交通工程学科的今天才如此成功。

天地交而万物通,永葆初心、不忘使命,东南大学交通学院的师生,将从徐吉谦手中接下发展的重担,不断创造新的辉煌。

---

① 陈峻,1972年生,教授,东南大学首席教授,东南大学交通学院院长,国家级人才计划教学名师。

08 砥砺前行 铸造辉煌
—— 东南大学交通学科的发展

徐吉谦是国内最早一批从事交通研究的学者,首开交通研究之先河。东南大学交通学院的发展也是时代交通发展的缩影,学院的探索见证了中国交通运输的进步与腾飞。

1985年,南京工学院(现东南大学)交通工程研究小组建立。

1987年,南京工学院(现东南大学)获得了教育部的批准和认证,交通工程本科专业得以创办。

1989年,成立交通运输工程系,交通工程专业和道路工程专业成为交通运输工程系两个主干专业。同时,单独成立了交通工程教研室,独立开展教学科研。

1994年,建立交通工程硕士点。

1995年,成立交通学院,交通工程从原来的教研室独立成为一个系和研究所,系所合一。

1996年,正式建立交通工程博士点,这是我国第一批交通工程博士点之一。

1999年,交通运输工程获批一级博士点。

2003年,交通规划与管理成为国家重点学科,交通运输工程排名全国第五。

2007年,交通运输工程一级学科成为国家重点学科。

2008 年，交通运输工程学科评估排名全国第二。

2012 年，交通运输工程学科评估排名并列全国第一。

2017 年，交通运输工程学科评估获评 A+，再次排名并列全国第一。

2021 年，交通运输工程学科在"软科世界一流学科"排名中位列第一。

2023 年，交通运输工程学科评估第三次排名并列全国第一。

从 1985 年"四个人、一间房"的交通工程研究小组，到如今东南大学交通运输工程一级学科排名全国第一，由徐吉谦等开创的东南大学交通运输工程学科历经 30 余年的风雨洗礼，逐渐在改革发展中臻于成熟，如今已然确立了交通学科在东南大学的地位，确立了东南大学交通学科在全国交通领域的地位。

筚路蓝缕，以启山林。一批学科带头人和科研人员的接续奋斗，让徐吉谦等人开创的东南大学交通运输工程学科，拥有了特色的研究方向、强大的学科团队以及丰硕的教学研究成果。

目前，东南大学交通学院交通运输工程学科研究方向以陆路交通为特色，以交通规划与管理为主流，跟踪国际前沿，面向国家需求，保持学科特色；在学科的发展过程中既把握好研究方向的凝练、稳定与开拓、创新之间的关系，又把握好研究方向的"保特色"与"入主流"之间的关系。

学科团队通过引进与培育，基本完成了学术队伍的凝聚过程，建立了在国内道路交通领域有重要话语权的高水准学术队伍，其中有中国工程院院士 1 人，国务院学科评议组召集人 1 人，国家杰出青年／优秀青年科学基金获得者 5 人，国家高级人才计划领军专家、国家教学名师 1 人，国家级人才计划特聘专家／青年国家级人才 7 人，长江学者／青年长江学者 4 人，教育部 21 世纪人才／交通运输部科技精英等，有国家级教学创新团队 3 个。学科学术队伍层次分明、结构合理、各司其职、共同发展，构建了学科建设的主体。

科学研究方面，学科重点依托国家自然科学基金委员会的支持开展科学研究工作，连续 4 次牵头制定交通工程学科发展战略研究；交通规划与管理国家重点学科在科学研究层面建立了"纵向指导横向、横向支持纵向"的科研互补模式。纵向基础研究在前期成果积累、研究方向上指导横向技术开发，提高横向技术开发项目水平，而横向技术开发在研究经费、基础数据、工程实证上支持纵向基础研究，稳定纵向基础研究队伍。此科研模式服务于国家重大工程实践，如国家畅通工程、宁沪高速、宁杭高速、南京长江二桥、南京长江三桥、江阴长江大桥、润扬大桥、杭州湾大桥、南京地铁、青奥会交通组织、港珠澳大桥等，取得一系列建设成果，在1999年、2002年、2003年、2007年、2012年、2018年均以东南大学为第一完成单位获得6项国家科技进步奖。

为牢固学科建设之根本，交通学院提出了"以高层次学科建设为平台、高水平科研成果为依托、高素质人才培养为目标"的人才培养总体思路，创建了道路交通类人才培养体系，高水准教学创新队伍、高水平科学研究成果、高层次学科建设平台三个支撑为主体的道路交通类人才培养新模式，为我国综合交通运输体系的大规模建设、现代化管理、智能化服务培养了大批高层次人才以及很多行业的领军人物，很多国家重大工程和关键技术都有交通学院校友们的重大贡献，促进了我国交通行业的快速发展。

东南大学交通运输工程学科牵头组建"现代城市交通技术协同创新中心"，中心以公安部、交通运输部、住房和城乡建设部等为依托，联合城市交通领域高等院校优秀创新团队、交通行业核心研究院所、国内有影响的大型骨干企业，实施协同创新。中心研究工作的开展以形成重大技术产品为导向，使研究成果能真正解决实际问题。在协同创新平台上实现"创新技术开发－工程技术孵化－重大产品研制"的一体化，实施"政产学研用"一体的协同创新机制，通过协同创新来支撑学科建设。

在一代代交通人筚路蓝缕的开拓进取中，交通运输工程各个学科之间相互助力、共同发展，推动了东南大学交通学院的不断超越、腾飞与蓬勃发展，收获今日之硕果。

一世情·缅怀篇

（一）无形财富 薪尽火传
—— 记徐吉谦教授弥足珍贵的性格、哲思和治学态度

徐吉谦谦和文雅、严肃认真、刚正不阿。正是这些品格，让其可以在学术研究和工程实践中永葆初心，永远向前。

徐吉谦治学严谨而又体贴学生，强调创新，注重实践，而这样的治学态度也在东南大学交通学院代代传承。

徐吉谦先生是文雅谦和且博学的，其祖籍安徽安庆是清代文坛上最大的散文流派"桐城派"的源地，曾有"天下文章在桐城"的美誉。勤读书、泛读书的徐吉谦，大部分的闲暇时间都是在自己一方书籍天地之中，不但养成了极高的文学修养和语言能力，而且也拥有了一身正气、为人谦和、作风正派、治学严谨的处世风格。

在日常的交谈中，他会带着安庆口音引经据典，出口成章。徐吉谦在和学生聊天时时常谈到王羲之的《兰亭集序》。"永和九年，岁在癸丑，暮春之初，会于会稽山阴之兰亭，修禊事也……"一边背诵，一边讲当时的意境和做人做事的道理。

除了热爱国学，徐吉谦始终将爱好与事业联系在一起，在新中国成立初期，全国普遍学习俄语，徐吉谦为了能够了解国外的先进技术成果，学习尤为刻苦认真，俄语水平高于周围人。1972年中日建交时，他就开始学习日语；中美建交之后，又开始学习英语。他可以读懂的学术文章也因此扩展到全世界的大部分文献。

徐吉谦先生是敬业爱岗且认真的。先生大半生的时间都投入在工作之中。在20世纪60年代，教师并没有硬性规定的上下班时间，甚至有一条不成文的规定就是个人只需把自己的课上完即可离开学校。但由于当时是教研室秘书，徐吉谦坚持按时在学校内办公，一早就来，晚上再走，教研组的事情大多由他来处理，当时有人开玩笑称呼徐吉谦为道路教研组的"当家人"。而在休息的时候，他也常常会跑到家附近的工地上走走看看，通过观察开挖后的道路断层来研究工程实际。

在宁六公路的设计阶段，当地一家知名大企业的负责人通过各种关系找到徐吉谦，想向他求个情，请他把设计图纸修改一下，让路从他的公司通过。徐吉谦向对方解释说："道路从你那里通过未必就好，现在建的路和过去那种路大不相同了，不是什么车都能上去的，从你那里走，除占地不说，车辆行驶还要产生噪声尾气。现在紧靠你单位直通而过，不是一样挺方便吗？"若干年后，当建成的宁六公路日益发挥它明显的利民作用，且让百姓感觉到未对自己的生存环境造成任何损害时，沿线的乡镇和单位信服了，他们由衷地感叹："当初还是徐老师坚持得对！"

徐吉谦先生是和蔼可亲的。一年春节，学生陈学武由于要准备论文，没有回家过年。徐吉谦就将陈学武和另一位同学请到家中一同过年。陈学武后来回忆，虽然当时徐老师自己的居住条件也不好，但是那时就觉得十分温暖，尽管30年过去了，到现在依然觉得温暖。

徐吉谦对弟子的身体健康也非常关心，学生黄富民读研时左眼有疾，看了很多医院，也用了很多药，但好转得比较慢。徐吉谦非常着急，帮忙推荐医院，叮嘱他要好好休息，注意用眼卫生。

徐吉谦曾经在6月的大热天，在学院大楼门口和一众学生讨论交通方案，虽然大家热得汗流浃背，却都被他无比认真的态度感动，觉得能够受教于这样的老师实属有幸之至；徐吉谦去新疆出差时，遇到了很多南京工学院毕业的学生，他高兴得不得了，激动地说："我们把天山打通了，学校的花开到新疆了。"

徐吉谦在生活的细节中对学生涓涓细流般的关爱也无形地影响

徐吉谦和学生们（左起1陈学武、2包考国、3王炜、5杨涛、6过秀成）

到了学生们后来的行为。像当年徐老师对待自己一样，陈学武也将学生当作自己的孩子一般看待，每逢佳节，课题组团队会在一起聚餐。陈学武很自豪自己拥有一个团结和睦的课题组，将这种温暖的师生情谊向下传承。

　　徐吉谦的另外一名学生过秀成（东南大学教授），每年都会邀请徐吉谦参加自己团队的迎新活动。徐老师作为首讲嘉宾在1998年为团队作了主题为"交通需求与管理"讲座，就此开启大师讲堂系列活动。在团队为徐吉谦庆祝88岁寿辰时，徐吉谦向团队赠送其学术论文集，并分享了他的学术生涯。2016年徐吉谦为团队带来第一百期大师讲堂，并向团队赠送装裱好的《诫子书》，劝勉学子们要修身养德、淡泊明志、治学专一、励精图治。因为过秀成教授所带团队工作室名叫Bluesky（蓝天）工作室，徐吉谦将团队为他制作的纪念册改名为"六朝松下客，蓝天门里人"。徐吉谦为团队题词"创新，创新，永远的创新"，这成为过秀成教授团队每一位学子的学术信念和科研追求。

　　徐吉谦臻于至善的学术精神、致知力行的实践风格、严肃认真的工程态度、谦和文雅的处世之道，随着东南大学交通学院的发展壮大而传承。这些无形财富赓续至今，依然为新时代的交通工程学子指引方向。

（二）铭记先辈 景行行止
—— 记忆中的徐吉谦教授

  五十年的怀才抱德，与无数学子、同仁相识相交，每个人心中对徐吉谦教授的记忆，不尽相同，或是他鞠躬尽瘁的身影，或是他坚定不移的目光，或是他锲而不舍的精神，或是他淳朴高洁的品行。朴实的外貌之下蕴含的力量，感染着每一个相识之人，感动着每一个相知之人，也树立起他在所有人心目中共同的形象。

01 同路·同心

——回忆徐吉谦教授的三件往事

高世廉

徐吉谦教授比我大 5 岁，早 4 年上学，他 1953 年毕业于现在的东南大学（民国时期的中央大学工学院，新中国成立以后改名叫南京工学院，后更名为东南大学），我 1952 年入学北方交通大学[①]。

徐教授是东南大学交通工程专业的创始人，我是西南交通大学（简称西南交大）交通工程专业的创始人。当年我接到上级任务创办交通工程专业，这非常非常困难。西南交大那时候是铁路的院校，还属于铁道部管（2000 年学校划归教育部管理），行业的壁垒非常严重，我们打破这个壁垒遇到了非常多的坎坷。在这个过程中，徐教授无私地提供了很多的帮助和支持，其中有三件往事让我非常感怀。

徐教授，首先是人品好，不争名誉。第一件事：我进入国家自然科学基金会，就是徐教授推荐的。当时我们那个学部很大，叫材料与工程学部，头一届开会，发现东南大学有两个委员，一个是徐教授，另外一个叫齐康，是个建筑学家。但组织不允许同一所院校占两个委员的席位，徐教授比较高风亮节，就说那他退出，让齐教

---

① 1952 年北方交通大学撤销，分为北京铁道学院、唐山铁道学院。1972 年唐山铁道学院更名为西南交通大学。

授留下。之后徐教授推荐我去，本来人家根本不认识我们，怎么都轮不到我呀，现在基金会的12个委员，我没有统计，大概除了我都是院士。之后国家自然科学基金会的第二、三、四届，我都是委员，我还和齐康教授共事了很久。后来我成为中国计算机协会的常务理事、公安部的顾问等，这些都是从徐教授推荐我去国家自然科学基金会开始的。这不仅帮助了我个人，还带动了我们整个专业，尤其是在我开始筹备这个专业之初最困难的时候，这让我非常感动。

第二件事是关于南京地铁。我们到南京开展地铁前期工作的时候，南京交通规划的数据还没处理完，他们进行了大规模的交通调查，当时的负责人就是徐教授。徐教授无偿地把所有的原始资料都给我了。交通调查往往要耗费大量的心血，其数据资料来之不易。徐教授将这般贵重的资料交给我们不求回报，为的只是我们项目的推进，为的只是城市交通水平的提高。高风亮节，可见一斑。我当时很感动，敬佩徐老的这种作风。

第三件事是关于《中国土木建筑百科辞典》。我们国家有一套很大的著作——《中国土木建筑百科辞典》，总共15卷，其中有一卷《交通运输工程》。这一卷，西南交通大学是主编单位，其中交通方面的具体工作由我来负责。为了写好这一部分，我全国发信，寻求相关的专家指教，徐教授很热情地回信了。我和徐教授说，关于规划、土建方面的我还熟悉一些，但交通监控、交通控制这方面我不熟悉。徐教授说，那我们就承担这一部分的编撰工作。后来，他的团队完成了《交通运输工程》的"交通监控"部分，这也让我非常感动。

我回忆徐教授，这三件事对我们学院的帮助非常大。我们当时从铁路领域，打进城市交通这个领域，壁垒非常厉害，当时只有徐教授支持了我们，所以我心里一直很感激徐教授。

作者简介：高世廉，山东曹县人，1956年毕业于北京铁道学院，分配到唐山铁道学院铁道运输系任教。任西南交通大学交通运输工程系教授、博士生导师，直至2000年退休，后返聘至2006年。曾任国家自然科学基金会材料与工程学部二、三、四届评委等职务，为西南交通大学交通工程专业创始人，为专业的筹备、建设和发展做出了卓越的贡献。

高世廉

02 智者怀仁,止于至善

—— 回忆导师徐吉谦先生

晏克非

徐吉谦先生是我国交通工程学科高等教育的奠基者和推进交通学科发展的杰出代表。改革开放以来,徐先生几十年如一日砺学砺行、严谨求实、立德树人、行为世范,培养出一大批从事交通规划、设计与管理领域理论研究与实践应用的杰出人才!彰显着老一代教育家的高尚师德与精神风貌。徐先生智者怀仁、止于至善的治学精神和甘为人梯、厚待学子的仁爱之心是后辈永远学习的榜样!

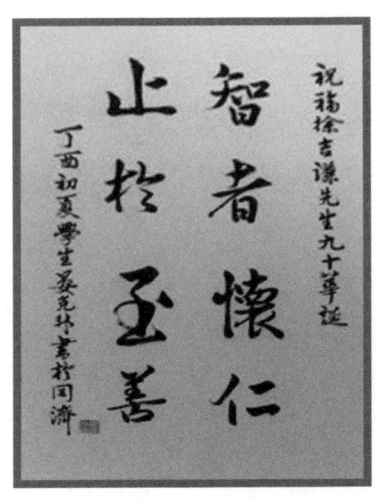

晏克非于徐吉谦九十岁寿辰所赠文字

1985年，我作为同济大学分校（城建学院）年轻教师来到南京工学院做国内访问学者，聆听了徐吉谦和多位前辈，如方福森、方左英等教授的教学与面授指导，特别难忘的是徐先生与我在交通工程理论与实践方面的交流，给我留下深刻的影响。我在徐吉谦导师指导下完成的《城市居民出行调查技术的研究报告》（1986），无不浸透着徐先生的真知灼见。徐先生在开题纲要拟订过程中，就针对我国大中城市道路交通存在的问题(包括机动车、自行车混行交通，交叉口与路段拥挤，以及城乡出入口交通问题等)提出要从"源""流"分布考虑问题(不宜单单从路口、路段着眼)。由此，借鉴国外的经验，我们确立了以"南京居民出行调查技术实施方案"为背景的网络交通规划的居民出行调查关键技术研究。那时，徐先生在百忙中带领我访问南京市城乡建设委员会、南京市规划局、南京市市政局等，并且协调与研究课题相关的部门，如公路管理处、公共交通公司、交警大队、长途客运部门等，获取大量现状与规划的资料。徐先生生活俭朴，午餐也是一碗面，给我留下深刻的印象。

晏克非在徐吉谦指导下完成的《城市居民出行调查技术的研究报告》

20世纪80年代后期,我和徐先生都参加了国家"七五"科技攻关项目23-3-2"大城市综合交通体系规划模式研究",项目主持单位是中国城市规划设计研究院(简称中规院),一共有18个子题,吸取了国内与交通规划、设计、管理、计算机控制、建模等领域几十名高级专家攻关。徐先生与我分别承担子项研究,徐先生负责23-3-2-6"大城市辐射交通和城乡结(接)合部交通的研究",我负责的是23-3-2-4"大城市土地利用与交通模式的研究"。徐先生经常鼓励我从实际出发,结合国情,坚持创新。以中规院交通所第一任所长朱俭松教授为总课题负责人的鉴定专家组对于我们承担的子项都有较高的评价。1991年该攻关课题成果获得建设部(现为住房和城乡建设部)自新中国成立以来第一个科技进步一等奖。论徐先生的声望、贡献与地位实属课题主角,但是在该成果报奖的排名上却从未发声(尽管后来徐先生该方向的课题成果获得国家科技进步二等奖)。

晏克非与徐吉谦两人同参加的国家"七五"科技攻关项目(编号23-3-2)"大城市综合交通体系规划模式研究"

徐先生主编的本科教材《交通工程总论》，发行多版，内容不断更新、与时俱进，在国内外本科教育界影响巨大。应徐吉谦先生邀请，我曾经参加了单独章节"停车设施规划"的编写工作。每一次改版，徐先生都是耐心征询、反复推敲，使书稿日臻完善、精益求精。《交通工程总论》是一本"涵养精良作品"的典范。

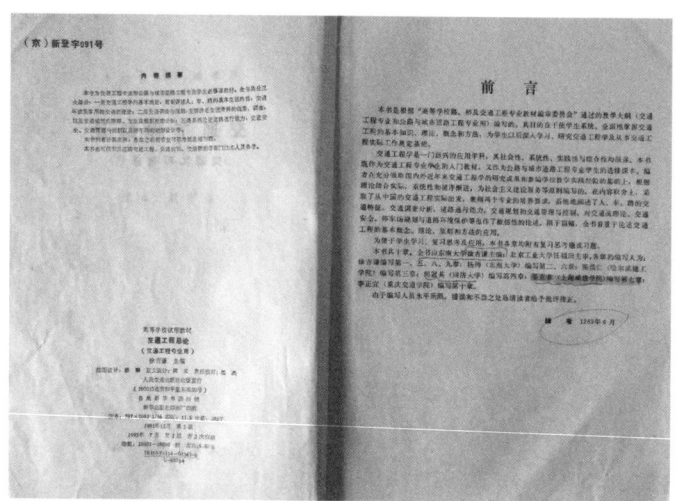

徐吉谦主编的《交通工程总论》

徐吉谦和晏克非

作者简介：晏克非，湖南浏阳人，1943年10月生，同济大学教授，博士生导师，国务院政府特殊津贴专家。1967年毕业于同济大学路桥工程系，1980年起执教于同济大学分校，1994年6月评为教授，1997年聘为同济大学博士生导师。在大城市综合交通规划、停车场规划技术、交通枢纽综合规划设计等领域曾获国家科技进步二等奖1项，建设部科技进步一等奖1项、二等奖1项，上海市科技进步三等奖8项；培养了博士研究生30名、硕士研究生50余名，发表学术论文150多篇，出版主要著作6本，包括专著《交通需求管理理论与方法》《汽车行驶基本原理与性能》和《公路与城市道路设计手册》《交通大辞典》《交通工程手册》等。

晏克非

03 火种微光
—— 怀念恩师徐吉谦先生

王 炜

我的恩师徐吉谦是我国交通工程学科的奠基人之一，东南大学交通工程学科的创始人。我有幸成为徐先生的弟子，在先生指导下完成了学士、硕士、博士三个学位，并在留校后一直任先生助手，直至先生退休，先生的教诲至今历历在耳，铭记在心。

1978年10月，我作为南京工学院（现东南大学）恢复高考后的第一届道路工程专业本科生，进入了东南大学这座高等学府，开启了我的崭新人生。

初识徐先生是因为我选修了徐先生1981年开设的"交通工程基础"课。当时，交通工程在中国还只是一个概念，没有理论体系，更无关键技术。第一次开这门课，没有教材，徐先生通过翻译国外文献及整理当时张秋先生（美籍华人，交通工程专家）来华讲课的资料，形成了课堂教学内容，用一本油印的讲义作为交通工程课的教材。庆幸的是，我选修了交通工程课（这门课是选修课，当时我们专业的课程很多，学习任务很重，只有部分同学选修这门课）。徐先生抑扬顿挫、深入浅出的课堂教学，把我引进了交通工程这个全新的专业大门，让我对交通工程产生了强烈的兴趣，并使之成为我毕生追求的事业。

大四时毕业设计选题，我很自然地选择了徐先生指导的"交叉口通行能力计算"课题，这也是当时道路工程专业毕业设计选题中唯一一个带有交通工程元素的课题。在徐先生的悉心指导下，通过大半年努力，我顺利完成了毕业论文，答辩成绩为优秀，论文入选《南京工学院优秀毕业论文汇编》。

1982年毕业分配前夕，我在找工作与考研究生之间犹豫不定，在徐先生的鼓励下，我最终选择了报考研究生并被录取，成为南京工学院第一届道路工程专业研究生（当时还没有交通工程硕士点），我选了最接近交通工程的道路路线设计研究方向，导师是方左英教授，徐先生是副导师，由于方先生年事已高，实际导师是徐先生。在制订课程计划与研究方向时，在徐先生的影响下，我依旧选择了在道路工程背景下研究交通工程问题。当时南京市有一批环形交叉口在城市主干道上，随着交通量越来越大，是保留还是拆除环形交叉口，城建部门专家一直争论不休，徐先生建议我就这个问题开展硕士论文研究。

论文开展期间，通过对大量的国外文献阅读发现，道路通行能力是个系统工程问题，通行能力研究需要系统工程的基础知识。当时系统工程刚刚传入我国，经济管理系已经开始为研究生开设运筹学课程，在徐先生的支持下，我向分管研究生的系领导提出了选修经济管理系的运筹学课，一开始系里不同意，主要原因一是跨系选课难度大，二是系领导认为道路工程专业不需要学习系统工程。后来在我的坚持下，徐先生、方先生出面协调，选课问题得以圆满解决：经济管理系的盛昭瀚老师专门为我一个人开了运筹学课（上课、自学＋辅导，非常感谢盛老师的无私奉献），这为我的硕士论文及以后的博士论文研究工作奠定了基础。1985年3月我通过了硕士论文《环形交叉口通行能力分析方法研究》答辩，当时道路学科的方福森教授、方左英教授及徐先生都参加了我的论文答辩会，两位方教授对我的论文评价很高。答辩专家一致认为，该论文在国内首次用系统工程方法解决道路交叉口的通行能力分析问题，有很大创新。

研究生毕业，我选择了留校当教师。当时徐先生正在筹建交通工程课题组并着手准备开设交通工程本科专业，我顺利当了徐先生的助手。那时的条件非常艰苦，4位教师（徐先生与我以外，还有2位道路工程专业改行做交通专业的老师）、1间办公室就是全部"家当"了。

记得我第一次出公差是陪徐先生去北京跑建设部（现为住房和城乡建设部）要项目。当时徐先生刚刚生过病，做过小手术，身体还很虚弱，系里派我陪同和照顾徐先生，但我是第一次出差什么都不懂，实际上是徐先生一路照顾我，到了北京也是徐先生忙前忙后，这让我非常感动。

我留校后上的第一门课是徐先生主讲的"交通工程基础"，这门课徐先生已经完整地上了三届，教材、练习题、课程作业都已经很完备。尽管这次徐先生只上了第一节课，后面的课时都由我主讲，但徐先生时刻关注着这门课的教学质量，在给学生上课前，我要先向徐先生汇报这节课的教学内容，有时候还要先给先生讲一遍，先生提出改进意见。这门课上下来学生还比较满意，我算是初步过了教学这一关。

20 世纪 80～90 年代的大学教师以教学为主，科研项目不是很多，国家自然科学基金项目是纵向研究项目的主要来源。徐先生在国家自然科学基金申报方面独辟蹊径，为我们铺平了道路。我参加的第一个基金项目是 1985 年申报的"平面交叉口通行能力研究"（当时，国家自然科学基金委员会尚未成立，申报的是国家基金项目的前身——中国科学院自然科学基金项目）。徐先生提思路，我撰写申报书初稿，经过徐先生多次对申报书的修改，终于成功拿下第一个国家基金项目（项目批准号 No. 技 85175）。1986 年国家自然科学基金委员会（简称自然科学基金委）成立，以我的硕士论文为基础，我们继续申报国家自然科学基金"环形交叉口通行能力研究"并获得成功（项目批准号 No. 5860240），1987 年再申报基金项目时，徐先生坚持要以我为项目负责人申报。在徐先生的鼓励、帮助和支持下，我牵头申报的第一个国家自然科学基金项目"城市交通规划与宏观交通控制方法研究"获得成功（项目批准号 No. 5870347），这为我后来的科研工作及博士论文开展奠定了基础。

20 世纪 80 年代末 90 年代初，交通工程研究开始在一些高校兴起，教师申报交通工程领域的国家自然科学基金项目越来越多，已初步形成了学科规模。为了提升交通工程学科在自然科学基金委的地位，徐先生及同济大学杨佩昆、北京工业大学任福田、西南交通大学高世廉等教授建议在自然科学基金委工程与材料学部"土木、建筑与环境工程"大学科中设置交通工程学科,得到了自然科学基金委支持,并由徐先生牵头、东南大学为主进行自然科学基金委交通工程学科的第一个发展战略报告的研究(1990—1991年)。我作为项目核心研究人员及项目责任人[发展战略研究项目不独立立项,研究经费下达到我负责、当时在研的国家基金项目"城市交通规划新理论体系及快速反应系统研究"(项目批准号 No.59008499)中],全程参与了发展战略的研究工作及研究报告撰写。先生高屋建瓴、长远谋划、全国一盘棋的战略思路,让我受益匪浅。该发展战略报告奠定了我国交通工程学科在自然科学基金委的发展基础,也为我此后连续3届(2004、2009、2014年)主持自然科学基金委交通工程学科发展战略研究开了一个好头。

　　1986年下半年,学校同意在结构工程博士点招收道路交通方向的博士研究生(当时道路交通方向还没有博士点),我顺利通过了博士生入学考试,并于1987年3月开始在职攻读博士学位,第一导师是我国著名的结构工程专家丁大钧教授,而实际导师是徐先生。在征得丁教授同意后,我与徐先生商量,确定了当时刚刚兴起的城市交通规划作为我博士学习期间的研究主题,并参加了多个国家自然科学基金项目的申报。1988年在确定博士论文选题时,徐先生与我征得丁教授同意,选择了"城市交通规划理论与方法"为我的博士论文研究方向,并提出了"三位一体"思路:以我负责的国家自然科学基金项目"城市交通规划与宏观交通控制方法研究"为理论基础,以徐先生牵头我参与的"南京市综合交通规划项目"为工程依托,以博士论文研究工作为技术开发主体,实现博士论文、国家自然科学基金项目研究报告、南京市交通规划项目报告(我负责的交通网络规划专题)"一体化"。经过近3年的努力,我于1989年10月完成了博士论文《城市交通网络规划理论与方法研究》,并向东南大学研究生处申请博士论文答辩。但对论文能不能送审学校为难了。国内还没有培养过交通工程的博士,在结构工程博士点培养交通工程的博士,导师是结构工程专家而不是交通工程专家,怎么认定是否达到了博士论文要求?对此,徐先生多次与学校协商,在徐先生的努力下学校才勉强同意送审，但要求增加评阅人数量。通常博士论文送审是3位专家，我的博士论文送审了34份，几乎覆盖了从事交通工程研究的所有具有高级职称的专家，34份返回意见都同意博士论文答辩，学校才组织论文答辩。论文答辩专家组由当时交通工程领域的9位"大咖"组成，尽管他们中的大部分现在已经不在了，但我永远记得他们的名字：杨佩昆（主席）、丁大钧（导师）、张佐周、徐循初、张启成、朱剑松、姚禹模、陈福英、邓学钧，徐先生列席。答辩很顺利，评价也很高，答辩委员会一致同意授予我工学博士学位，就这样我成了我国自己培养的第一位交通工程博士，博士论文由人民交通出版社出版，这也是我与徐先生合著的第一部学术著作，感谢徐先生为我做的一切。

记忆的闸门打开，思绪如潮水涌来……

做徐先生的弟子与助手，得徐先生的言传身教与关爱，是我此生莫大的荣幸！

徐先生，我永远怀念您！

作者简介：王炜，教授，博士生导师，1959年生于浙江省绍兴市上虞区。1978年考取南京工学院（现东南大学）道路工程专业，1982年毕业获学士学位，1985年获硕士学位并留校任教。1986年起在职攻读博士学位，研究方向为城市交通规划理论与方法，1989年获博士学位，成为中国自己培养的第一位交通学科博士。现任东南大学校务委员会委员、土建交通学部主任。

王 炜

04 只留清气满乾坤
—— 铭记恩师徐吉谦

黄富民

我们这一代人可以说是赶上了好的时代，上高中即将步入社会前，迎来了拨乱反正，恢复了高考，让我们有了通过自己的努力改变自己命运的机会。大学毕业，全面改革开放，让自己学到的知识有了用武之地。我们更幸运的是，在我们学生时代，有一批以为国家培养有用人才为己任的优秀教师群体，他们为了弥补高考中断十年后的人才断层，任劳任怨，不辞辛苦，一心扑在教学、科研工作上，我的恩师徐吉谦就是他们的杰出代表。

我 1979 年考入南京工学院土木工程系，当时还不到 17 岁，应该算是懵懂少年，1983 年本科毕业步入青年，师从徐吉谦先生攻读研究生，1986 年研究生毕业开始工作，到如今已入花甲之年。回忆这一路走来的过程，自己所取得的点滴成绩都离不开徐先生的认真指导、严格要求和无私帮助。先生以身作则、言传身教，前瞻思维、引领方向，博学多才、谆谆教诲，为国家发展建设培养了一批又一批人才。

我的小学、中学时光大部分都是在"文革"中度过的，因此文化基础并不扎实，针对这种情况，先生要求我除学好大学课程外，还要加强传统经典文化的学习，补牢基础。先生在与我交流时，经常大段背诵古诗词，来表达先生的思想，引导我的学习。印象深刻的是先生背诵王羲之的《兰亭集序》："永和九年，岁在癸丑，暮春之初，会于会稽山阴之兰亭,修禊事也。……"一边背诵,一边讲当时的意境以及做人做事的道理。虽然后来我也常读《兰亭集序》,但全文背诵还不行,看来离先生的要求还有差距啊。

先生非常关心弟子的成长,经常强调做事先做人,只有做光明磊落、堂堂正正的人,才能成就自己的事业,实现自己的理想和目标。先生是这样要求的,弟子们也都是这样做的,身为先生的弟子,为此感到骄傲。

先生对弟子的身体健康也非常关心,记得读研究生的时候,我左眼有疾,看了很多医院,也用了很多药,但好转得比较慢。先生非常着急,帮忙推荐医院,叮嘱要好好休息,注意用眼卫生,一直到我工作后还惦记着这件事,令我甚为感动。

先生良好的生活习惯也是我的榜样,不抽烟,不喝酒,早晨天天在北极阁跑步,这应该是先生健康长寿的重要原因吧。我大学时期能坚持跑步,工作后还能保持锻炼习惯,先生的榜样作用至关重要。

时光荏苒,岁月如梭,转眼四十多年过去了,先生也已年过鲐背。师恩难忘,定当永记。

作者简介:黄富民,1962年出生,硕士,教授级高工,专业技术二级,原江苏省城市规划设计研究院有限公司总工程师,现任江苏省地下空间学会理事长。主要研究方向为交通规划与设计,负责或参与完成的各类项目200多个,在报纸、杂志、论文专集上发表论文40余篇,合作完成了5部著作,曾获国家优秀规划设计银奖2个、铜奖1个,住房和城乡建设部、江苏省优秀规划设计一、二、三等奖50多个,华夏建设和江苏省建设科技进步二、三等奖10多个,江苏省优秀咨询成果一、二、三等奖10多个。主要荣誉称号有"国务院政府特殊津贴专家""江苏省有突出贡献中青年专家""江苏省先进工作者"。

黄富民

05　领路人

—— 我的先生徐吉谦

刘小明

徐吉谦是我国著名的道路交通工程学家，交通工程学科的开拓者和奠基者之一，同时也是东南大学交通工程专业创始人、第一代学科带头人。先生从事交通工程专业的科研和教学工作数十年，草创基业、开疆拓土、著作等身、桃李芬芳，为中国交通工程学科的大发展和交通事业的大繁荣做出了突出贡献。

徐吉谦1953年毕业于南京工学院土木工程系，后一直留校工作，直至退休。先生早期深耕道路工程领域，作为国内知名专家，主持设计了中国第一条高等级汽车专用公路——宁六公路，大国工匠，建树颇丰。1979年，张秋先生来华讲授交通工程学，徐吉谦受邀前往并在学习中深受触动。深厚的理论积淀、丰富的工程经验和我国人多地少的国情让先生敏锐地意识到，交通工程学是交通发展的需要、是祖国建设的需要，因此他毅然从研究多年并具有相当学术地位的道路工程领域抽身，转向开拓"交通工程学"这一全新领域，担当起发展我国交通工程学科之使命。在徐吉谦的主持下，东南大学于1980年开设交通工程基础课程，同年展开课题研究；在大量研究成果的支撑下，东南大学终经批准于1986年试办交通工程专业；1987年交通工程专业开始独立招生，1989年交通运输工程系成立。为学科高质量的发展，先生又先后主持多项国家自然科学基金项目及国家"七五"科技攻关项目，多座大中型城市的综合交通规划等工程实践，研究成果填补了国内多项空白，并培养了我国第一位交通工程专业博士，为我国交通工程学科的发展探索出了一条中国特色的教学、科研、工程实践相结合的道路。

徐吉谦担任国家自然科学基金第一届交通工程类项目评审专家，主持完成了"交通工程学科发展战略研究"。先生高屋建瓴，精准把脉，对我国交通工程学科的发展，特别是国家自然科学基金对交通运输领域的重点支持发挥了引领作用。先生还长期担任中国土木交通学会、中国城市交通规划学术委员会、中国公路学会交通工程与信息化分会、中国市政工程学术委员会等学术机构和团体的领导职务，对繁荣中国交通工程学科的学术研究与交流、扩大交通工程学科的社会影响力发挥了建设性作用。

徐吉谦贤良方正，提倡做学问要立德为先，有为人民谋福祉、为国家谋富强之志向；治学严谨，强调理论联系实际，"板凳要坐十年冷，文章不写半句空"，谆谆教诲，犹在耳畔；立德树人，传道授业，高风亮节，甘为人梯，让中国交通工程领域的后继学者得以站在巨人的肩膀上赶超世界；老骥伏枥，志在千里，退而未休，奉献余热，几十年如一日，关心着交通工程学科的建设和发展。徐吉谦既高瞻远瞩、运筹帷幄，为我国交通工程学科的发展谋篇布局，又躬身力行、勤勤恳恳，修好一条路，编好一本书，带好一批学生。

回想自己在母校学习的四年光阴，无论是入学教育，还是教学座谈会、论文指导会，经常在系里的各项活动中见到徐吉谦的身影。先生当时正值学术盛年，胸有丘壑、中正谦和的师长形象给我们留下了深刻的印象。我在校时选修了先生的"交通工程学基础"一课，从中获益良多，自此与交通工程专业结下了一生之缘，可以说先生是我学术生涯的启蒙者、领路人。毕业后虽未能常伴先生左右，但在之后的学习、工作中常得先生指点，使我深受启发；先生也时刻关注我的动向，我每换一个单位，先生总是自己或是托人嘱咐几句，以先生自己为人为事之感悟告诫学生，让我备感温暖、备受教育，唯有对党忠诚、不负人民、兢兢业业、夙夜在公，担当实干、攻坚克难，不负党和人民的培养和信任。

  2021年是中国共产党成立100周年，在这100年的伟大征程中，我国的交通运输事业取得了举世瞩目的成就，从百废待兴到交通大国，并持续向着交通强国的目标迈进。九层之台，起于累土，伟大成就的取得得益于前辈们的筚路蓝缕，得益于历代交通人的砥砺奋进。新百年、新起点，我们去总结以徐吉谦为代表的老一辈交通工作者的精神风貌，是不忘初心、牢记使命的需要，是新时代、新征程、新发展的需要。这本文集是对徐吉谦人生哲思、学术思想、育人理念的全面总结，是与大师的对话。愿与各位同人一道开书卷、品人生、悟真知，从中获取下一个百年持久的、厚重的奋斗力量！

  作者简介：刘小明，江苏扬中人，1964年9月出生，教授，博士生导师。1985年毕业于南京工学院，历任北京工业大学副校长，北京市交通委员会副主任、党组副书记、主任、党组书记，交通运输部党组成员兼运输服务司司长、副部长，广西壮族自治区党委副书记。现任第二十届中央委员，海南省委副书记，海南省人民政府党组书记、省长。

刘小明

06 万山磅礴有主峰

——记"授业传道之恩师,立德树人之楷模"徐吉谦

杨 涛

徐吉谦是中国交通工程学科的开拓者和奠基者之一。先生作为中国本土派的交通工程学开拓者和杰出代表,完全没有受语言障碍的限制和本土专业视野的限制,相反,先生视野开阔、高瞻远瞩,目光锐利、思维敏捷,最早提出并确立了交通工程理论与实践应当树立的系统观、区域观、控制观、工程观和创新观。先生这些重要的观念和理念,对于初创期的我国交通工程学科建设与发展,特别对于东南大学交通工程学科建设和高层次人才培养均具有极其重要的开创意义、奠基意义、启蒙意义和传承意义!

更难能可贵的是,先生一生正直、以身作则,开拓创新、谦逊务实,为人师表、诲人不倦、乐于助人、甘为人梯,体现了中国知识分子的光辉风采,为我们树立了人生楷模!作为徐老的学生,深感终身受益、无上荣幸。

人生启蒙,传道引路

我是农家子弟,中小学都上的是普通农村学校,当时又都处于"文革"期间,尽管在班上名列前茅,也算优秀生,但基础知识很欠缺,经过了6次高考拼搏,才于1981年考入当时的南京工学院(今东南

大学）公路与道路工程专业，非常珍惜来之不易的深造机会，更有幸成为徐先生嫡传亲授弟子之一！

记得入学之初，道路工程教研室的领导和骨干教师给我们部分新生进行集体入学专业教育。在座的有我国道路工程学界的两位老前辈，当时已年近70岁的方福森教授、方左英教授，还有几位中青年教师徐吉谦、邓学钧、邵容光、陈荣生等。两位方老都是留过学的，给我们讲述了国际道路交通工程学发展历程、成就与趋势，展望了我国在开启改革开放，迈向现代化建设新征途背景下，交通运输行业和学科发展的美好前景，让我们这些刚入学的公路与城市道路工程专业大学生对所学专业产生了浓厚兴趣与高度期待。邓学钧、邵容光、陈荣生等年轻教师向我们介绍了公路与城市道路工程专业概况和道路、桥梁工程、机场道面工程等课程设置与学科特点，让我们意识到这个专业不仅需要扎实的数学、力学等基础科学功底，还需要气象气候、水文地质、经济地理等相关学科知识，可谓"上管天，下管地，中间管空气"。而有一位中年老师的讲话则带有浓重的安徽口音，以一首我们几乎听不懂的古诗（是什么诗已记不得了），教导我们这些大学生既要有刻苦学习和勇于创新的精神与勇气，又要学会做人做事的正确人生观、价值观。他就是徐吉谦。徐先生的讲话给我留下了深刻的印象。

大学本科3年半读完，进入了毕业设计阶段。十分有幸的是，徐吉谦成为我和另外3位同学（周鹤龙、唐虎平、韩家志）的毕业设计指导老师。更令我们很意外的是，先生第一时间把我们4位跟他做毕业设计的学生一起请到了家里。我们坐下来后，先生并没有急于了解我们的学业，也没有交代毕业设计题目，而是开门见山跟我们说，你们进入了本科毕业设计阶段，即将大学毕业，进入人生关键阶段。人最要紧的是树立正确的人生观，最重要的是学会做人，其次才是做事做学问。做人者，对人，要与人为善、以人为师；对己，要自以为非，不要自以为是。做学问，要谨记王国维先生的读书三境界："昨夜西风凋碧树，独上高楼，望尽天涯路"，此第一境也；"衣带渐宽终不悔，为伊消得人憔悴"，此第二境也；"众里寻他千百度，蓦然回首，那人却在，灯火阑珊处"，此第三境也。也就是人要有拼搏登峰精神，要有持久耐劳精神，要有创新突破精神。徐先生一席话对我来说，可以说醍醐灌顶，终身受用！

言传身教，甘为人梯

我自做本科毕业论文开始，到攻读硕士、博士研究生，再到留校任教，直至调到南京市交通规划研究所工作，至今已近40年。追随先生，亲密接触，先生耳提面命，言传身教，循循善诱，热心帮助，让学生深受感动、获益匪浅！许多细节，只有学生才能有幸亲身体验。我每次去先生家里拜访求教，先生都亲自迎接，亲自搬凳让座，亲自沏茶添水。学生起身告辞，先生都不忘要我代他问候我夫人；每次都亲自送行，而且会从三楼送到楼下，反复作揖并目送我离开。我结婚成家后，分居两地，先生亲自关心关怀，帮我联系疏通相关领导，最终帮我解决了夫妻两地分居的困难。市规划局领导告诉我，当时我被调去南京市交通规划研究所工作，也是事前征求了先生意见，是先生推荐我作为合适人选。先生担心我年轻气躁，常常提醒我，工作上要有耐心定力，不要急于求成。先生怕我抽烟多影响健康，常常提醒要自我控制，加强锻炼。

先生对我学术生涯的起步、成长的帮助是无可替代的。我撰写的第一篇在全国公开学术刊物《城市交通管理》杂志上发表的论文《南京长江大桥通行能力研究与建议》是在先生鼓励下，根据我的本科毕业设计论文整理归纳起草的。当时我对学术刊物论文写作的规范性框架、格式、内容等要求还一窍不通，对论文内容的逻辑、分析、结论和文字表述把握也很外行。先生亲自动手，帮我从文章大小标题、内容摘要和正文全文都做了全面修改。我投稿前署上了先生和我两人的名字，先生硬是把他自己的名字划掉了，令我感动不已。经先生推荐，论文很快发表了。多年后我从南京交管部门领导口中得知，我的这篇论文发表后引起了交管部门重视，采纳了我论文提出的建议方案，调整了南京长江大桥车道划分。听到这个信息，我感到很高兴，更感激徐先生对我的指导和帮助。

本科临近毕业，我有幸获得了免试攻读硕士研究生的机会。我毫不犹豫选择徐先生和交通工程作为我硕士研究生导师和方向，跟随先生继续深造学习。先生给我建议的硕士论文研究选题方向是城市交通规划方案评价。原因一是先生正在主持《南京市城市综合交通规划》（简称《规划》）编制，我和先生指导的王炜、李旭宏等师兄都是该《规划》项目组成员，先生安排李旭宏师兄负责交通需求预测，王炜师兄负责交通网络分配与规划，由我负责交通规划方案评价。这三个方向都是城市交通规划编制的核心技术，当时国内城市交通规划理论研究和编制工作都还刚刚起步，理论研究、技术攻关、软件开发都基本上是从零起步。先生带领我们三位研究生，同步开展硕士、博士论文研究和规划编制实践，这是改革开放起步、"摸着石头过河"特殊历史时期的精心安排。先生既大胆放手、热情鼓励青年学子开拓创新，又认真耐心悉心指导，还不辞辛苦，亲自补台托底，既保证了规划编制任务按时圆满完成，又让研究生们理论联系实际，做出高质量论文。

先生当年50岁出头，正是学术与事业黄金年代。然而，先生高风亮节，甘为人梯，大度大胆把弟子们推到科研教学第一线。他热情鼓励、热心辅导支持青年教师们申报并顺利获得国家自然科学基金课题，参与国家"七五"科技攻关项目的课题研究。先生承接的合肥、郑州、鞍山、马鞍山等城市综合交通规划项目，分别由王炜师兄、李旭宏师兄和我来担任项目负责人。正是有了这样难得的国家科研课题研究和城市重大交通规划项目锻炼机会，师生一起奋力攻关、精心编制，迅速积累了一大批科研成果、论文专著和规划成果，青年教师们才可能有机会和条件破格晋升。他安排王炜师兄担任交通工程教研室和研究室主任，我担任党支部书记、教研室和研究室副主任。先生这样的安排用心良苦，就是为了助推年轻教师迅速成长，挑起大梁，带领东南大学交通工程学科迅速成长发展。

我极其有幸，在跟随先生攻读研究生阶段，就被先生安排参与了国家"七五"科技攻关项目"大城市综合交通体系规划模式研究"之分专题"大城市出入口道路交通特征与规划设计研究"。1987年，先生先安排我利用暑假，回老家南通独立开展南通市出入口道路交通特征调查。先生明确交代，不能只做一套方案，要充分考虑各种外部条件与不确定因素，提前做好不同适应性调查方案和应急预案。这对于我这样刚刚起步从事科学研究的新兵而言，无疑是极为重要、受益终身的教导和训练。我一点都不敢懈怠，针对事先预选的交通调查点，必须考虑的多种外部条件和可能发生的不确定状况，我拟订了5套方案，先生认真审阅后，非常满意。由于考虑周全，尽管只有我一人亲临现场调查，但是一个星期后调查进展非常顺利，圆满完成了任务。1988年夏天，我硕士研究生毕业并留校任教，先生又派我和正在读研的师弟赵同安（现任河北省交通运输厅巡视员）赴大连市，与上述国家"七五"科技攻关项目的主持单位中国城市规划设计研究院（简称中规院）交通所以及大连市规划局、规划院的领导和技术骨干，共同开展试点实证研究。这对我和学弟两位年轻人而言，是一次极其难得的向我国城市与交通规划科研设计顶级水平的国家队面对面学习、交流、请教和训练的机会。通过这次机会，我和师弟十分荣幸，既认识了中规院交通所第一任老所长朱剑松先生（已故）和后来先后接任朱先生的李兵弟先生、李晓江先生，还有马林、李亚明、闫军等一批中规院交通所的青年骨干。这次在大连的半个月现场实证研究工作营的经历，让我不但与中规院交通所这个国家队老中青三代领导和专家们结下了不解之缘和深厚友谊，更从他们身上学到了交通规划、交通工程研究与实践的许多宝贵知识与经验，初步建立了城市交通与城市空间互动关系和协同规划基本思维逻辑和研究方法，这对我后来几十年的城市交通规划研究与实践，特别是主持南京交通所和南京市城市与交通规划设计研究院开展规划设计与科研工作，具有极为深刻的影响和帮助。我从心底由衷感谢、感激和感恩徐先生对我的良苦用心、悉心栽培，给我提供的珍贵机会和无私帮助！

高瞻远瞩，精心布局

徐先生对中国交通工程学科、东南大学交通工程学科发展的方向，对他指导的硕士、博士研究生选题和科研项目的选题，都有着认真思考、统筹谋划、精心布局。

　　先生对于东南大学交通工程学科建设、科研重点特色，有清晰定位和布局。先生大学所学专业和留校后从事专业都是公路与城市道路工程，主要方向是公路路线设计。20世纪70年代末，先生已年近半百，毫不犹豫选择了从头开始学习和探索交通工程学研究。我揣测，先生做出这样的选择，既非被动接受，也非心血来潮，而是先生自觉的必然的选择。首先，先生既是一名自觉自律的共产党员，又是一位负有使命感和责任感的知识分子。他教导弟子们做科学研究要勇于创新，他自己更是身体力行。其次，先生长期从事公路与城市道路路线设计的教学科研与工程实践，对于交通工程学发展必要性、重要性和前景，比其他老师有更直接而深刻的认知与判断。这一点，我可以从两方面得到佐证：一是先生在"文革"尚未结束的1970年代中后期，就受命担任我国第一条一级公路——南京宁六公路设计技术总负责人。先生对于这条开历史先河的一级公路的功能定位、路线选线、路面标高与区域、城市、城乡交通服务关系，与沿线城镇空间关系的深刻思考和清晰准确判断，充分体现了交通工程师和交通规划师应有的核心理念与基本原则。二是在先生年近90岁时，我有一次去先生家拜访，他拿出了一本珍藏了几十年、"文革"前出版的张烈教授专著《城市计划与交通网》，据说先生做过张烈教授的助教，说明先生早在"文革"前就已经接触到了交通工程学的一些基本知识和理念。

　　20世纪80年代初，先生亲自策划、促成并领衔编制南京市第一轮城市综合交通规划。以此为契机，先生将交通工程学科建设、科学研究、研究生培养、交通规划编制实践紧密结合起来，同步推进相关工作。先生指导了当时上海城建学院派来的青年访问学者晏克非开展城市居民出行调查理论与方法的研究。在先生指导下，晏克非老师完成了国内第一份《城市居民出行调查技术的研究报告》，为顺利开展南京市有史以来第一次也是迄今为止最大规模的居民出行调查奠定了基础。晏克非老师的这份专题研究报告今天读来，依然让人深感这份报告堪称城市居民出行调查科学方法论经典手册。而被徐先生所指导的研究生论文选题，也是经过先生精心思考和布局的，王炜的硕士论文《环形交叉口通行能力分析方法研究》、博士论文《城市交通网络规划理论与方法研究》，武进的硕士论文《城市出入口道路特性与规划研究》，李旭宏的博士论文《城市交通需求预测理论研究》，黄富民的硕士论文《城市出入口道路技术标准与评价研究》，杨涛的硕士论文《城市道路网总体性能评价与建模》、博士论文《城市交通网络总体性能评价与建模》，周鹤龙的硕士论文《大城市辐射交通研究》，惠宪宝的硕士论文《城市交通战略规划研究》，李洪武的硕士论文《城市交通规划评价方法研究》，赵同安的硕士论文《城乡结（接）合部交通规划研究》，吴明的硕士论文《城市道路网布局规划研究》等等，这些硕士、博士论文结合了国家"七五"科技攻关项目、国家自然科学基金项目，和南京、合肥、郑州、马鞍山、鞍山等城市综合交通规划项目同时进行，形成了理论研究与规划实践系列成果，开创性建立了中国现代城市综合交通规划编制的基本理论框架与技术方法体系，也奠定了东南大学交通工程学科特色与品牌效应。

徐先生既强调不同高校交通工程学科建设、科学研究不要千篇一律，要有各自重点和特色，同时作为高校的一个独立专业学科，无论是课程体系、学科建设、师资队伍、人才培训，也要兼顾完整性和系统性。交通工程教研室的老师们各自承担的研究方向、专业课程有明确分工。为了弥补城市交通控制课程教学和相关科研人才缺失，教研室专门从东南大学自动控制系引进了优秀硕士毕业生乔凤祥进入交通工程教研室工作。徐先生还组织开展了环形交叉口、平面交叉口通行能力的研究，并亲自撰写了《城市道路平面交叉口设计》技术指南报告，争取到并亲自主导了国家"七五"科技攻关项目"城市道路单向交通组织研究"，亲自撰写发表了多篇学术论文。先生还积极与东南大学经济管理学院陈森发教授、周晶老师等，合作开展城市道路交叉口自适应控制研究等科研项目。先生的上述努力与卓有成效的科研攻关，对于完善交通工程学科建设以及交通工程本科生研究生专业知识体系、课程体系建设都是十分必要的，具有前瞻和奠基意义。先生主编的全国统编教材《交通工程总论》是全国各大高校交通工程专业本科经典专业教材，荣获交通运输部优秀教材一等奖（我有幸也成为该书参编作者与获奖者之一，承担了其中"交通调查"和"道路通行能力"两章编写任务），至2020年底已再版5次，累计发行23万册。

创新务实，"五观"立统

我在庆祝徐先生90岁寿辰师生座谈会上，试探总结了从师徐先生近40年学习和研究交通工程，体会到先生一生在交通工程教学科研方面的主要学术思想，即本文开头提到的系统观、区域观、控制观、工程观和创新观。在此对徐先生这"五个观念"的具体内涵与体现做一些说明。

根据欧美《交通工程学》经典教材对于这门学科特征的归纳，认为这是一门融"工程（Engineering）、经济（Economic）、执法（Enforcement）、教育（Education）、环境（Environment）"等多学科知识为一体的交叉学科，称"五E"科学。这意味着交通工程这门学科的知识体系与技能具有很强的综合性、系统性。交通问题是与国家、区域、城市、城乡经济社会发展高度关联的十分复杂的系统科学问题。一名合格的交通工程师，必须建立系统科学思维和基于系统科学思维的系统工程方法技术。徐先生敏锐而前瞻性地认识到了这个事关交通工程学科建设、人才培养和科技攻关的关键问题。先生在交通工程研究生和本科生课程系列中率先列入了"系统工程与最优化"这门必修课。徐先生专门邀请后来升任东南大学主管科研的副校长盛昭瀚教授担任交通工程研究生这门课的主讲老师。盛昭瀚教授是我国改革开放后较早从事系统科学和系统工程教学与研究的年轻教师，后来成为在社会经济系统工程、交通土木复杂建筑工程技术与管理集成和系统优化、供应链与物流系统工程等多领域卓有建树的知名学者。盛老师上的系统工程与最优化方法课，视野开阔、思路缜密、条理清晰，让我们这批交通工程研究生受益匪浅,深感钦佩,也说明徐先生的高瞻远瞩、慧眼识才。1993年,徐先生领衔担当了国家自然科学基金主任基金项目"交通工程学科发展战略研究",我与师兄王炜、李旭宏,以及教研室李峻利、乔凤祥等老师都参加了这个开创性的国家级研究课题。先生以系统科学思维,亲自构思、亲手绘制了一张交通工程学科树图。他把交通工程学这门系统性、综合性、交叉性极强的学科的知识体系,从基础知识体系,到主干专业知识体系,再到相关专业、应用专业等知识体系,以一棵有机生长的大树形象表现出来,体系完整、层次分明、功能明确、一目了然。这张图展现了先生对于交通工程学极其复杂的学科知识体系的深入研究、系统思考、清晰认知和了然于心。对于城市交通系统及其科学规划、科学治理,先生同样进行过深入思考和系统研究。他认为,交通系统是城市大系统的重要组成部分,交通规划必须放到城市大系统规划中来思考和制定。为此,先生要求给交通工程研究生开设城市规划原理课程。我们这一届的城市规划原理,是由东南大学建筑系柯建明老师上的。柯老师讲课既简明扼要,又高屋建瓴,给我留下了深刻印象。正因为徐先生和柯老师的启蒙,让我对城市规划及其相关学科知识产生了浓厚兴趣。我购买和阅读了大量中西方城市规划、经济人文地理教科书、经典专著和学术论文。这为我日后离开教学岗位,转到城市与交通规划研究与编制一线工作提供了极大帮助。城市交通治理是城市建设与治理最重要、最长期,也是最复杂的任务之一。而先生在30多年前我国交通工程学还处在起步阶段就进行了非常深入系统的思考。他明确指出:城市交通系统有很强的系统工程特性,在综合治理时必须认真研究考虑各个系统间的有机联系、相互制约和相互依赖关系,使综合治理的各项措施与系统总体能良好地协调,最有效地发挥系统的整体功能。先生根据系统工程和交通工程的原理和城市交通系统的特点,将城市交通系统综合治理中涉及的运量、运力、运基、运管、运环五个子系统及其相互内在关系与逻辑进行了详细分析梳理,建立了五大系统协同闭环的城市交通运输系统综合平衡逻辑框架。这个基于系统工程的城市交通运输系统逻辑框架,是徐先生的原创和首创，可以说，其科学性和先进性，不输于国际上迄今为止交通运输领域内任何一个先进理念或理论，是十分难能可贵的。更难能可贵的是，这个逻辑框架对于城市交通规划建设与科学治理实践极具普识的认识论与方法论指导意义。

交通运输是人类社会为了生存、生活和生产必然产生的在一定地理空间区域内的移动，而为一定区域内人和物移动提供保障和服务的交通运输基础设施、载运工具、运营管理系统等，也就必须覆盖到人和物移动所需通达的区域。但人类生存和活动的地理空间，无论是自然地理地貌地质气候气象条件，还是经济社会人文历史等等都是千差万别的。因此，从事交通工程学研究与实践，尤其是城乡交通规划和治理研究与实践，必须自觉建立起区域经济与人文地理知识体系和思想观念。徐先生在转入交通工程学研究与教学之前，是侧重于公路与城市道路路线工程研究与教学的。公路路线经济调查、公路选线选址、平纵横线形设计等，都必须紧密结合公路沿线区域实际，因地制宜，科学确定。这可以说是一名合格公路路线设计师必备的基本素养。然而，一条延绵几十公里、几百公里乃至几千公里的公路，需要考虑的区域自然地理、经济地理、人文地理因素是十分复杂的。要成为一位高水平的公路路线设计工程师，其实是相当困难的。徐先生在"文革"还没有结束的年代，被国家、地方和学校选中担当我国第一条高等级公路——宁六公路的总体设计负责人，即是大家对先生学识与能力的高度认可！先生能够圆满顺利完成这一光荣、复杂、艰巨的设计任务，既经得起时间和历史的考验，成为载入史册的经典，更为我国高等级公路设计与建造积累了宝贵经验，为拟定相关设计标准和规范提供了更为珍贵的经验遵循与第一手资料。个中秘诀，非常关键的是先生的设计理念与观念中有极为清晰的区域观。其一，他能够顶住压力，力排众议，力主并最后说服各方接受，这条一级公路选线不用老路，另辟新路，不用高路堤，而用低路堤，不用一块板，而用两块板和四块板断面，既保证了这条一级公路线形设计的高标准，更为南京江北地区后续高质量发展和沿线区域居民出行便利提供了最为有利的条件。其二，先生的区域观，绝非静态的区域观，而是动态发展的区域观。先生敏锐而准确地认识到，宁六一级公路并非是一条单纯的常规的城际区域公路，而是一条极为重要且关键的城市出入口道路。其服务的交通功能包含了城际交通、城市交通、城乡交通多重功能。这几种不同交通功能的交通流量，在不同区段和不同时段是变化的。因此，宁六一级公路断面不应该是单一模式，而应该因地制宜因时制宜有所变化的。先生在酝酿、创建和培育东南大学交通工程学科过程中，充分继承和延续了宁六一级公路设计中的动态区域发展观思想。他先后承接了国家"七五"科技攻关项目"大城市出入口道路规划设计研究"和"城乡结（接）合部交通规划设计技术与方法研究"，并指导了武进、黄富民、周鹤龙、赵同安等多名研究生展开持续的系列研究，取得丰硕理论与应用成果，分别荣获国家科技进步二等奖和建设部（现住房和城乡建设部）科技进步三等奖。先生在指导我主持马鞍山城市综合交通规划过程中，提出了前瞻大胆的建议，规划要考虑预留预控马鞍山长江大桥。当时，我们年轻项目组成员和马鞍山业主领导们一开始都感到很吃惊！整个武汉以下长江中下游只有南京长江大桥，马鞍山既非大城市、特大城市，也非国家中心城市和省会城市，预控预留长江大桥是不是太大胆、太超前了吧？但听了先生以动态的区域发展和长远发展的战略眼光和思维所作的精辟分析与展望，大家都接受了先生的建议。如今马鞍山长江大桥已经建成通车快10年了！回过头看，不得不佩服先生的远见卓识！

徐吉谦先生另外一个极具远见，但至今未被引起重视，甚至已经被人遗忘的观念和理论，就是交通发展的"控制观"。先生所谓的"交通控制"并非通常意义上基于通信信号和计算机技术的道路交通控制，而是基于经济、法律、政策和行政等多渠道多方式多路径的对于交通运输供求关系进行合理调控的源头控制。对照欧美国家100多年来现代交通运输发展历程，先后经历了机动化起步期的交通工程管理（Traffic Engineering Management，TEM），到交通系统管理（Transportation System Management，TSM），再到交通需求管理（Transportation Demand Management，TDM）和交通政

策管理 (Transportation Policy Management，TPM) 若干阶段，不断探索、不断创新、不断反思、不断更新。有许多值得我们学习借鉴的经验和教训。而徐先生早在 20 世纪 90 年代中国机动化还处于快速发展前夜，中国交通工程学还处于奠基初建阶段，就具备远见的卓识，他提出，中国的交通运输健康可持续发展，不单单看 TEM、TSM，更需要立足于基于经济、法律、政策和行政等多渠道多方式多路径的对于交通运输供求关系进行合理调控的广义交通控制管理（Traffic Control Management，TCM）。先生的 TCM 实际上就是欧美国家 20 世纪 60 年代初探，80～90 年代盛行，直至今日还在推行的 TDM 和 TPM 的总和。先生在 30 多年前就提出的 TCM 原创性的、吹哨性的理念观念，对于正在深陷城市病、交通病的当下各级党政领导、代表委员、专家学者乃至黎民百姓，难道不是振聋发聩的哨音、警音和福音吗？！

至于先生反复强调并身体力行的"工程观"和"创新观"，已经可以从以上介绍的先生一生为师、为学实践中体会得到。跟随先生几十年，不知多少次先生向我，也向其他年轻教师和学生提示和强调，交通工程学生、教师和科技工作者，一定要树立牢固的工程意识、工程思维，千万不要陷入纯粹的数学公式、数学模型、计算机软件与数字的泥潭中拔不出来。即使是做数学模型和软件开发与分析测试，首先必须建立在坚实的现实世界、科学概念、科学逻辑和工程实践基础上。先生这样不厌其烦地耳提面命、反复提醒，真可谓用心良苦也。

千言万语，只需一句：当先生之徒，不胜荣幸！终身受益！感激不尽！

作者简介：杨涛，1961 年 1 月出生，江苏南通人，博士，教授，博士生导师，江苏省设计大师。1981 年入南京工学院土木工程系道路工程专业学习，1985 年 9 月至 1988 年 3 月师从徐吉谦先生攻读硕士研究生，毕业后留校工作，先后任讲师、副教授和教授。1990 年 4 月至 1995 年 4 月师从丁大钧教授、邓学钧教授、徐吉谦教授在职攻读博士研究生。获注册城市规划师、注册土木工程师（道路工程）等专业资格；获"新世纪百千万人才工程"国家级人选、国务院政府特殊津贴专家、江苏省有突出贡献中青年专家等荣誉称号。曾任第十届全国人大代表，中共江苏省第十一次党代会代表，历任南京市第十三届至十六届人大常委会委员，现任南京市城市与交通规划设计研究院股份有限公司董事长。

杨　涛

07 高山仰止　景行行止
—— 我的恩师徐吉谦

周鹤龙

1985年，我有幸成为徐吉谦教授的弟子。弹指一挥间，30多年过去，我一直以徐先生是我的导师为荣。

那一年，先生第四年招收交通工程方向的弟子。该批共两个名额，杨涛获得保送先占了一个名额，余下一个名额我们多人报考，有三人都上了录取分数线，最后我能如愿以偿，幸得先生厚爱。记得录取前曾在校园里偶遇先生，他关注我写作能力和英语水平怎么样。

交通工程当时是新兴学科，研究生学习课程的选择各显神通。徐先生为我们精心计划，除本专业基础课外，鼓励我们去涉猎其他相关学科，要求我们去建筑系选修城市规划课程等等。有一项颇有创意的做法至今让我印象深刻，那就是用英文原版教材进行讨论式教学。记得那本书是 *Traffic Engineering —The theory and practice*，先生要求我们同班的十来个同学，各自负责其中一部分，须认真备课，在课堂上翻译讲解，大家进行讨论，先生再提问点评总结。一轮学习下来，专业英语水平自然有了提高，最重要的是，交通工程的基本功由此扎下了根基。

先生对交通工程领域的探索和研究是全方位和多元的。就我看来，先生致广大而尽精微、跨界融合、知行合一。点、线、面研究交通，如交叉口的交通流分析、城市出入口道路交通特性的研究、整体路网和交通系统形态和容量的研究；立足道路工程，逐步转向关注整体交通系统，关注交通支持城市发展，由单纯工程设计向综合决策咨询延伸；紧密结合实践，为未知而教，为未来而学，拥抱城市化与机动化。记得1986年曾陪同先生去天津开会，主要就是研讨国家"七五"期间的城市交通攻关课题。那时候我国大城市的交通调查、交通规划和交通战略研究刚刚起步，先生以极大的热情参与其中，积极发挥作用。现在回想起来，先生当时为我和杨涛定的论文方向都是为了应对实际问题而开展的探索性研究。我的硕士论文题目《大城市辐射交通研究》，因涉及面广、变量多，刚开题时让我十分困惑。迷茫时，先生以王国维《人间词话》的人生（学问）三境界启发开导我们。在先生循循善诱的指导和帮助下，我逐渐找到了门径，对交通和城市发展的互动关系有了较为清晰的认识，从中悟出一些道理和规律。通过做论文，全面提升了我的知识面和调查研究能力，真所谓刻骨铭心，受益匪浅。先生言传身教、独辟蹊径、聚沙成塔，带领大家探索出交通工程学科的一条创新发展之路。

1988年研究生毕业后，我一直在广州工作。非常惭愧，我笔头不勤，发表论文少，先生就替我着急。于是，他就干脆给我出题，起了个头，让我继续写下去。这就有了发表在2003年《城市规划》期刊上的那篇文章《大城市交通需求管理研究》。先生挂念我的工作和生活，关心我的家庭情况。2006年时来广州开会，还专门带了一套衣服送给我女儿。此情此景，记忆犹新！印象中先生很少自己上街去买东西的！2015年，我去南京公务，顺便看望先生，后来要去校本部办事，先生坚持要陪我去校园走一走。

在交通规划、交通工程领域，徐先生有着很好的口碑。多年所见所闻，更加觉得徐先生为人处事的真诚执着。当初，无论同济大学、北京工业大学、西安公路学院、西南交通大学等，但凡有交通工程专业的大学，徐先生与其老师相互敬重，关系融洽，不少是好朋友。不论是北京、上海，还是天津、广州、武汉等城市同行，与之交往甚密，互通有无。我当初选择在广州工作，也有先生的指引和推荐。我觉得，徐先生为人师表，是我们一张杰出的名片。

"高山仰止,景行行止……"徐先生是谦谦君子、业界泰斗。能有机会拜徐先生为师,做先生的弟子,得先生言传身教、关心厚爱,是我此生莫大的荣幸!

作者简介:周鹤龙,1964年生,江苏昆山人。1985年南京工学院道桥专业本科毕业;1988年东南大学(原南京工学院)硕士研究生毕业。曾任广州市交通规划研究所所长、广州市规划局副局长、广州市设计院院长,广州市交通运输局副局长、二级巡视员。

周鹤龙

08 厚德流光照华年
—— 永远的徐老师

李洪武

1982年夏秋之际，我进入南京工学院土木系道路桥梁专业学习，寻思已谋得就业之术与立身之本，学习自然得过且过。不意临近毕业之年，交通工程之风日盛，徐老师声誉日隆，心中感慨如何能成为先生的弟子？几经努力于1986年成为先生的弟子，师恩绵绵自此展开。

先生厚重。经过那个时代洗礼的先生特别关心学生，因是农家青年，加上基础较为薄弱，先生要求我好好学习，既报效国家，也是个人成长。奈何一场病魔反复治疗休学一年，心情十分沮丧。先生专门到医院看望弟子，反复叮嘱留得青山在，不怕没柴烧。复学后，又应学生请求，同意课程学习与论文准备同步，准予提前开题，其间先生悉心指导，多方联络，使得学生得以按期完成学业。

先生谦逊。人如其名，大家之风自见。坚持不唯上、不唯书、只唯实，曾多次讲述某项重点工程技术方案受人责难，但以自信、谦逊的力量谈笑之间从容化解，告诫我们要相信科学，坚持科学。先生始终关注弟子们的成长，每当弟子们取得新的成就时总是欣欣然，多方告知，让我们也能分享喜悦。

先生多闻。先生思维活跃，学风开放，始终保持学习、研究、育人的状态。注意跟踪新技术、新理念、新动向，不断有新的理念，新的见解。求学期间与工作之后，每与一些校友、专家相遇，听说是先生的学生，多感言先生的胸怀与学识。每与先生相见也多受指教，既有专业辅导，更多方法教诲，受益匪浅。

新中国，新时代，令人心潮澎湃，我们每个人、每项事业都是参与者、奉献者、见证者。东南大学的交通工程从一门课程、一个方向发展为一个学科、一个学院，乃至全国、全球排名前列的专业，先生的努力、影响贯穿其中，先生的孜孜以求不再是传说。

历史已然是历史，历史照进现实，现实终将是历史，历史是永恒的。

师恩既成，师恩永存。

作者简介：李洪武，1986年秋拜读于徐吉谦先生门下，1989年春起在省级机关工作，从事交通等相关行业工作30余年。

09 吉祥止止　谦谦君子

过秀成

1985年9月，我被确定为推免生，于东南大学攻读硕士学位，并应组织安排读研前担任辅导员做学生工作2年。1985年12月的清晨，红二舍222房间门被敲响，徐老师得知我选择了交通工程专业方向后来宿舍与我交流，指导未来攻读研究生期间的研究生涯，后也如愿成为彼时徐吉谦副教授的硕士研究生。

1986年至1990年主持学生工作期间，还需完成硕士学业。1988年硕士论文开题后，进入论文撰写阶段，由于花费了大量精力和时间在学生工作上，自己的交通专业知识体系和训练不系统，徐老师与组织沟通，将我调回交通工程教研组工作，以崭新的姿态重新进入交通专业领域。

1991年，回到教研组工作后，徐老师亲自带领我开展对两位本科毕业设计学生在慢行交通和大城市客运结构研究上的指导，包括从任务书下达、论文开题，到文献研读、交通调查、论文撰写。在开设"道路交通安全学"课程和编写课程讲义时，徐老师鼎力相助，提出了"人、车、路与交通安全"的教学与讲义编写体系，并提供了大量参考资料。

1994年，徐老师拟将"交通工程学基础"讲义（第四版）在东南大学出版社正式出版，并让我做副主编。徐老师对教材内容的编排进行了全方位策划，倡导循序渐进、由浅入深、理论与实践相结合，对课程结构与教学体系的安排也提出了独到的见解,并在其中编入了思考复习题以巩固学生的学习成果,该书的出版对国内交通工程专业的建设产生了深远的影响。

作为交通工程专业奠基人,徐老师在交通供需模型、交通规划方案评价以及公交、自行车、停车、步行专项规划和综合交通治理等方面均有成就。作为城市交通规划学科开创者,徐老师提出了城市交通战略规划、城市交通中长期规划和城市交通近期建设规划相关方法。徐老师还提倡"科研、教学、生产"三元结合的专业建设思路,为交通学科的发展壮大奠定了坚实的基础。

1993年,徐老师退休后,仍时刻不忘对学生的指导。新生入学,始业教育,每年亲自前来,向新生们讲述做人求学之理,教诲工作室所有成员应珍惜读研机会,把握研究生这一人生发展的特殊时期,既要有"独上高楼,望尽天涯路"的远大志向,也要有"为伊消得人憔悴"的决心,最终做到"蓦然回首,那人却在,灯火阑珊处"。提升自身技能素质、在实践中探索真知、不断创新、学以致用、勇于担当,这五点具体要求也深深镌刻在我们心灵最深处。

1998年,我们课题组开办大师讲堂,徐老师受邀做了第一期"交通需求管理理论"主题讲座,分享了实践智慧和精神力量,传授真知灼见,也标志着工作室拉开了"高端学者讲座"系列研学活动的序幕。徐老师亲笔为工作室留下了"创新,创新,永远的创新"寄语,教导我们创新是永恒的主题,要善于探索,具备创新精神,创新的方法则在于吐故纳新、传承突破。

徐老师注重学生的过程培养,在带领我们团队学生叶茂与陈永茂修编《交通工程手册》中"步行与自行车交通"章节时,修编计划的制订、大纲的拟定、素材的选择、数据的搜集、主体内容的撰写以及每一轮的修改,徐老师都全程参与,事必躬亲,对每一个数据、每一个字、每一段话以及逻辑关系都斟酌核实、精益求精,其严谨细致的科研精神,深切地教化着我们。

徐老师也经常参与硕博士开题、毕业答辩、博士后进站开题、博士后出站报告和学术讲座等活动,与工作室成员交流探讨,为学生梳理思路。他在指导一位学生的博士论文时，针对其中的历史城区交通承载力问题，指出学生的研究应以运用最简单可行的模型方法解决实际问题为目标，而不应追求不切实际的复杂模型。教育学生确定研究方向时要做好需求分析和顶层设计、坚持走适合自己定位的战略、开放交叉融合的发展道路，以需求为导向，理论联系实际，将所学应用于实践，为社会的发展贡献自己的才干。

校庆、教师节、新春和工作室周年庆典等系列活动，徐老师也常常来访，对团队与后辈关怀备至、仁爱有加，乐于同学生分享学术生涯、交通规划领域研究和心路历程，启迪与洗礼着每一位学生。

从1985年与徐老师第一次谋面，至1998年为Bluesky（蓝天）团队带来第一次大师讲堂，至每一次新生入学的谆谆教诲、硕博答辩的悉心指导、学生成长的创新引领，如今我与我的团队百余位学子在徐老师的言传身教中不断成长。"板凳要坐十年冷，文章不写半句空""要求要严、学风要实、思路要活、理论要透、基本功要硬"，谆谆教诲，时缠耳畔，金玉良言，铭记于心。

过秀成

作者简介：过秀成，教授，博士生导师。1964年11月生，浙江嵊州市人，1986年7月东南大学公路与城市道路专业毕业留校，1991年获东南大学硕士学位，2002年获工学博士学位。兼任中国城市规划学会城市交通规划学术委员会委员、江苏省城市规划学会综合交通专业委员会副主任委员、江苏公路学会理事、江苏省公路学会高速公路营运专业委员会副主任委员、江苏省道路交通安全协会常务理事、南京市交通运输协会常务理事等。

10　万世师表

——记"授业传道之恩师，立德树人之楷模"徐吉谦

陈学武

　　1989年我从西南交通大学交通工程专业本科毕业，得到高世廉老师的推荐，考入东南大学读研究生，师从徐吉谦。1992年春研究生毕业留校工作，转眼间，已在交通工程领域从事科研、教学工作30余载。30年来，每每与亲朋好友、业界同人谈起徐老师，总是感慨不已，学业事业起步之时得遇"授业传道之恩师，立德树人之楷模"，何其幸也！徐老师对于学生的培养是全过程、全方位的。在研究生教育上，徐老师特别推崇理论学习与工程实践紧密结合，特别强调"实践出真知"，解决工程实践中发现的具体问题是理论研究创新的源泉。因此，研究生学习期间，我们不仅学习专业理论课程，还得到机会参与工程项目，参与实地调研，包括研究生毕业论文选题，也都来自实际工程。

　　我读研究生期间，正是南京轨道交通建设筹建起步阶段。轨道交通客流预测是轨道交通线网规划、工程建设规划和运营组织方案设计的基础，当时还没有一套成熟的客流预测分析方法和模型。作为南京地铁一号线筹建工作组成员的徐老师，为我的毕业论文选择了轨道交通客流预测方法研究课题，带领我全面参与南京地铁一号线工程的前期调研工作。在极为有限的科研经费条件下，支持我前

往北京调研，拜访请教时任中国地铁工程咨询公司总工程师的施仲衡前辈。通过充分研究地铁的技术经济特性和对城市发展的引领作用，学习总结发达国家和地区的城市地铁规划建设经验，运用系统论、控制论的基本思想原理，我们提出了进行大运量快速轨道交通客流预测的"宏观控制，微观竞争"模式，为"城市交通综合规划与协调发展"理论体系的构建提供了案例借鉴。

除了学业上的悉心指导，在日常生活中也无处不感受到徐老师的谦和以及对晚辈无微不至的关怀。至今还清晰地记得1992年的春节，我因撰写毕业论文，寒假没有回湖北老家。那年是一个寒冬，除夕那天雨雪纷飞，徐老师冒着严寒，特地来到我们研究生所在的四牌楼校区沙塘园宿舍，叫我去家里吃年夜饭，得知我对门宿舍的材料系博士生于金也独自在学校过年，尽管不相识，也邀请一起去家里，让我们感受到家的温暖，度过了一个难忘的除夕。徐老师对于学生晚辈的关心关爱，由此可见一斑。

我研究生毕业后留校任教，可谓是近水楼台先得月，有机会常常拜访徐老师，聆听徐老师的教诲。"师者，所以传道授业解惑也。"所谓传道，这个"道"是做人之道，处世之道，报效国家和民族之道；所谓授业，既要传授专业知识，更要引领启发研究方向；所谓解惑，既解专业之困惑，也解做人处世之困惑，更关注启迪科研思维方式、科研态度与精神之惑。徐老师退休多年后还坚持担任学校的教学督导，不辞辛苦，全心全意指导青年教师成长。如何上好每一堂课，关爱每一个学生，切实履行教书育人之天职？犹记得徐老师曾经语重心长地说道："学生到教室听课，是要有所收获的。老师讲课须让学生听得进，想得明。切忌以自我为中心，口若悬河，自觉博学高明，不管学生反应。如若言者谆谆，听者藐藐，那是没有效果的，既浪费自己的时间，也浪费学生的时间。"做一个合格的老师，需要用心学习、不断地总结反思，教学相长。徐老师国学深厚，常常引用古诗文讲道理，表达思想观点，抑扬顿挫，声调中还带着几许家乡安庆的口音，令听者深受感染和启迪。

教材建设是保障专业人才培养质量的重要载体，作为我国交通工程专业的奠基者和创始人之一，徐老师高度重视专业教材建设。交通工程专业创办于20世纪80年代，当年全国只有为数不多的几所高校开设交通工程专业。由于是新办的专业，各个高校的交通工程专业课程所用教材讲义和学习内容并未统一规范，也没有如今这样丰富的课程学习资料和发达的资讯，教材的编写对于本科学生的专业学习至关重要。徐老师呕心沥血，查阅大量文献，并向城建、公安、交通等部委科研院所以及地方基层单位广泛搜集第一手数据资料，主编了交通工程专业入门教材《交通工程总论》（人民交通出版社出版发行）。该教材自1991年首次出版至2020年底，已修订至第5版，总计印刷47次，累计发行23万余册，获评"十一五""十二五"普通高等教育本科国家级规划教材以及高等学校交通运输与工程类专业教材建设委员会规划教材。从一本教材的建设传承上，我们可以看到徐老师是一直退而未休，老骥伏枥，志在千里，始终关心着交通工程专业的建设、人才的培养和学科的发展。

"莫为之前，虽美而不彰；莫为之后，虽盛而不传。"我1992年研究生毕业时，有志于从事交通工程的教学和科研工作，向导师表达留校任教的意愿，引用了这句话。回顾在东南大学30多年的教学科研和人才培养工作，我深感得益于徐老师的谆谆教诲、身体力行和率先垂范，东南大学交通学科的后辈同人锐意进取，开拓创新，薪火相传，英才辈出，学科建设欣欣向荣，算是没有辜负前辈老师的信任和期望。

身处新时代，启航新征程，面对新挑战，"交通强国建设"之事业任重而道远，"科教兴国"之使命崇高而责无旁贷。我们定当牢记教书育人、立德树人根本宗旨，学习传承徐老师等老一辈潜心"传道、授业、解惑"的精神，奋发有为，不负时代。

作者简介：陈学武，博士，教授，博士生导师，东南大学交通学院交通工程系教师，中国城市规划学会城市交通规划学术委员会专家、交通运输部推动城市公共交通优先发展专家库成员、世界交通运输大会交通工程学部交通设施规划学科主席。

徐吉谦和学生陈学武

11 谦和诚朴 止于至善
—— 致敬东南大学徐吉谦老师

刘 威

    对我来说，1992 年进入东南大学，在徐老师的引领下开启交通工程专业的学习，是我受用一生的经历。作为中国交通工程学的开拓者、东南大学交通工程专业的创始人，徐老师的名号几乎涵盖了我们入学之初对交通专业的全部认知。在开始接受专业课教育之后，我们有幸与徐老师有了更多的接触机会，对大师的仰慕与敬重之情，也日益转变为学术行动上的跟随。时至今日，我仍清楚地记得第一次见到徐老师的场景，在领路人的光环之下，没有自命不凡或恃才傲物，有的只是一名勤勤恳恳、埋头苦干的科研学者，一位谦虚、和善、真诚、朴实的人民教师，所以纵使徐老师有无数的称号和荣誉在身，我还是最想要称呼他为徐老师。传吾辈以道，受吾辈以业，解吾辈之惑，以学高为师，以身正为范，实乃吾辈之师表、吾辈之楷模。

    我自毕业之后开始正式从事交通工程领域的工作，至今已经二十余年了。在城镇化水平不断提高、基础设施建设如火如荼的背景下，在先辈同行们孜孜探索、锐意进取的努力下，我们这一代赶上了交通发展的黄金时期，交通工程专业的科研水平不断提高，交通规划的指导作用日益凸显，理论研究不断进入实践应用，行业标准和体系建设也越来越完善。饮水思源，感念师恩，没有徐老师这样第一代交通人的排除万难,就没有我们后辈与交通学科的蒸蒸日上,今天的成绩不仅仅是对徐老师这辈交通人的肯定,更是对我们后辈的敦促与激励。

"大学之道,在明明德,在亲民,在止于至善。"徐老师以身先行,为我们打下了基础、做好了表率。如今交通学科的接力棒已经交到了我们手中,我们会时刻谨记徐老师的教诲,"博学之,审问之,慎思之,明辨之,笃行之",为交通学科的发展、为人民对美好生活的向往而奋勇向前!

刘 威

作者简介:刘威,1973年3月出生,1996年8月毕业于东南大学交通工程专业,2008年5月获同济大学建筑与土木工程专业工程硕士学位,教授级高级工程师,国家注册城市规划师。现任沈阳市规划设计研究院有限公司党委副书记、董事、总经理,并先后受聘为沈阳建筑大学、东北大学的客座教授、校外导师,中国城市规划学会城市交通规划学术委员会委员,辽宁省土地学会副理事长,辽宁省市政行业专家库专家。先后主持了数百项省市重大项目,涵盖交通、规划、设计、咨询等各个领域,多次获得国家、省、市奖,并先后荣获沈阳五一劳动奖章及第十一届、十五届沈阳市优秀科技工作者等荣誉称号。

12 永远的记忆
—— 忆徐吉谦老师两三事

宋家骅

2019 年回母校参加交通学院建院 30 周年庆,当徐吉谦等老教授上台接受表彰,我再次看到徐老师的时候,眼泪竟然一下子就流了出来,徐老师当年谆谆的教导、开朗的笑声仿佛都到了眼前。

20 世纪 90 年代求学期间,正赶上南京为了建设道路要砍一些法国梧桐树,徐老师为保护树木多次呼吁、多方奔走,并提出技术方案解决交通建设与树木保护的矛盾。回到学校,徐老师多次教导我们,作为一名工程师,既要学好专业,更要敢于讲述真理,坚持真理。记得有一次是在 6 月的大热天,徐老师在学院楼门口和我们一众学生讨论到这个交通方案,虽然大家热得汗流浃背,却都被徐老师无比认真的态度感动,觉得能够受教于这样的老师实属有幸之至。

毕业设计的时候,徐老师是要求最严格的老师。我至今仍记得,当我们看到指导老师名单时,由徐老师指导的两个学生都露出了"完蛋了"的表情。徐老师当时已经退休,但是每周都要求学生至少向他汇报两次研究思路和进展,并和他们做深入的探讨和交流。对于不足的地方,既有严厉的批评,更有耐心的指导。他们也因此变成了毕业设计期间"最忙"的两个学生,当然他们的进步也是所有学生中最明显的。

上学期间学习的《交通工程学基础》教科书是徐老师牵头编写的,

这门课程是带领我们走入交通规划建设行业的启蒙课程。工作期间，我仍然多次翻看学习，并实际应用到工作中，对我而言受益实多。至今，我仍然保留着这个课本，当老师同学来访时候，常常很骄傲地拿出这个课本，共同回忆徐老师等老师的教导，热烈讨论课本历经30年仍然适用、实用的前瞻和远见，感恩感叹徐老师对交通工程学科带来的深远贡献。

当我擦拭眼泪的时候，看到旁边的多位同学竟和我一样，都激动落泪。徐老师代表的东南大学精神，已经深深地植入在我们一代又一代学生的心中，鼓舞我们努力工作、认真生活。

作者简介：宋家骅，教授级高级工程师，1975年出生。1996年本科毕业于东南大学，2003年硕士毕业于东南大学。现任深圳市智慧城市规划设计研究院有限公司总经理。

宋家骅

13 心念山海
——重走宁六公路

徐吉谦之女　徐小红

在我的记忆中，父亲总是严格、简朴的，他不光心念家人，也总是心念工作、心念那一条条道路。

父亲待我是极严格的。小的时候，我背古诗词，若不背熟，父亲便不让看电视，若我有问题不会，父亲总是让我自己去思考，从来不直接告诉我正确答案是什么。父亲对他的学生也是严格的。学生的论文，他总是看得格外认真，据说还有学生因此而抱怨。父亲对自己也是这样严格的，早年家里住筒子楼，一栋楼里父亲总是起得最早、睡得最晚的一个，干工作起早贪黑。

是的，父亲总是在工作，忙。我小时候，父亲有时会出差，据说是带着工农兵学员去大别山等地的建设项目。有时，父母都不在家，他们便把我送到邻居家。就是父亲在家时，他也是忙，哪怕那时条件万般艰苦。还记得那时家里没有空调，夏天炎热，父亲就舀一盆冷水冰冰脚，洒点水散热，然后继续坐在桌前工作。有时，晚上也会有学生来家中请教父亲问题，父亲总是欢迎："来来来，进来，有什么问题吗？"

父亲不热衷于各种物质的享受。他总是说"由俭入奢易，由奢入俭难"，哪怕是之后物质条件好了，他也总是保持艰苦朴素的作风。很多年来，老人家总是不愿意逛商场，总是能省就省。他对家人的要求也是如此，小时候很长时间我都只有一个泛黄的旧背包，有一次，父亲出差回来，买了一块布料，找裁缝给我做了一个新书包，这才换掉了原来的旧背包，这我至今仍然记得。虽然老人家并不热衷于物质享受，但是他的精神世界是富足的，当时家里虽然没有什么享受的物件，倒是有许多书，其中还有一些是外文的，获取这些书籍，总是需要通过一些友好的社会主义国家的大使馆，不易且不便，但这是那个信息不畅、物资匮乏年代中父亲获取国内所没有的一些专业知识的窗口。此外，他热爱传统文学，各种诗词信手拈来，大家都说父亲除了专业水平，文学素养也很高。他保持朴素的生活，但床下塞满的那些各种语言的书籍，富足了他专业领域的知识，给他带头钻研探索的动力，而诗词歌赋，也和他清淡素雅的生活如此相称。

老人家最宝贵、最看重的是家人、工作，是阡陌交通。对家人，他要求总是严而又严，从而塑造了良好的家风。同时他又资助了亲戚家的孩子读书，家人的教育一个都不能落下。对工作、对道路交通，他始终不能忘怀，总是记得主持设计、建设的一条条道路的细节，哪怕已经过去40年。20世纪70年代，父亲主持了宁六公路的设计工作，这是我国第一条一级汽车公路。早些年，他不怎么提关于这条路的往事，但是当父亲年纪稍大，他便开始回望那段岁月，给我们讲述当年的故事。2015年大年初一，一家人专程驾车经过南京长江大桥，一路向北，沿着宁六公路一直到了六合。历经近40年的风风雨雨，周围的环境、道路已是天壤之别，当老人家看到桥头上写着"马汊河大桥"时，一下子打开了记忆的闸门，滔滔不绝地说起当年的宁六故事，老人家甚至连40年前的设计参数、各项数据都还记得。他总是惦记着纵横阡陌，惦记着山川湖海、四方八面中的一条条道路。

老人家总是那么严格，对我，对自己，对工作。老人家奋斗了一辈子，艰苦朴素了一辈子，但他的事业、他的学生，以及作为家人、晚辈的我们，却是从来不让他失望的。或许，正因为他总是身体力行，总是严格要求自己、耐心教育学生和晚辈，那一条条由他设计的路才

徐吉谦与夫人盛远谟结婚照

2016年徐吉谦和女儿重走宁六公路

能连通远方，我们这一个个他关心、教育着的晚辈才能坚实地迈向未来。现在想来，父亲却又是如此地爱我，爱家人，爱他的事业，爱交通。老人家心念家庭，也心念山海，在近处，他自己便是给我的一本教科书，在远方，他铺就了一条条通向未来的道路。

附 录

（一）媒体对徐吉谦的报道

交通工程专家徐吉谦谈交通拥堵原因及对策

载于《南京日报》

【南京日报报道】徐吉谦简介：安徽省安庆市人，1953年毕业于南京工学院（现为东南大学）土木系，同年留校任教，从事道路交通工程规划、设计的教学与科研。至1993年退休，已培养硕士生、博士生近30名。兼任中国土木工程学会理事、中国交通工程学会理事、首都规划建设专家咨询组专家、南京土木建筑学会道路桥梁委员会主任等职。

徐吉谦这样表达对于交通拥堵的认识：对于处在机动化、现代化、城市化和经济迅速发展进程中的大城市来说，交通拥挤是难以避免的一个过程。经济发展愈快，生活水平愈高，交通拥堵也愈严重。世界各地许多发达的大城市都出现过不同程度的交通拥挤问题，只是拥堵持续时间长短与缓解方式不同而已。

老城人口密集加剧交通拥堵

交通改善是一项长期的战略任务，城市规划、交通规划和交通政策措施不当都会成为拥堵的根源，或延长拥堵的痛苦过程。徐吉谦认为，城市中心城区的高强度土地开发，加上大商场的高度集中，导致老城区变成了密密麻麻的住宅区，这是中国城市的一大特色，也无形中加剧了城市交通矛盾。城市人口与道路的空间分布极不均衡，巨量人口集聚于主城，千军万马进出市中心地区焉能不堵？如果只是道路局部拥堵，交管部门可以通过疏导来疏散，但如是某个区域全面拥堵，就业岗位、人口密度过于密集，那就不仅仅是交管部门的事情了。南京市曾制定了"一疏散三集中"的规划，要疏散老城区过于密集的商业与居住区的人口。这是一个很好的规划，可惜后来实际执行的结果很不理想。不仅没有疏散出中心区的密集人口，反而通过拆迁开发，平房小区改造成高楼大厦、超市、商场、购物中心，房屋的密集程度更高，商场吸引顾客的能力更强，因此市区特别是市中心区的交通压力进一步增大。可见，一项好的措施或者政策，还必须有一套可靠的保障体系，使其能不折不扣地兑现。否则设想再好，无法实现，还是无法发挥其应有的效益。

必须以大运量公共交通为主

缓解大城市交通拥挤的原则和总的方向已经非常清楚，就是要切实贯彻科学发展观，以人为本，统筹全局，优化环境，节约资源，不能急功近利、只顾眼前、头痛医头、脚痛医脚。世界上许多国家包括欧美等发达国家及发展中国家对于解决大城市交通拥挤问题的主流方向已非常明确，就是以大运量的公共交通为主，辅以出租车、小汽车等其他交通方式。这不是某些人的凭空想象或主观臆断，而是长期以来经验教训的总结，是多年来公共交通在各种交通方式的比较中自然胜出的结果，也是大城市的复杂功能、特殊环境与交通需求特性所决定的。因此，地铁、轻轨尽管造价很高，投资很大，建设周期很长，却依然成为各大城市的首选。在南京，地铁1号线已经开通，2号线也正在建设。南京除了要加快地铁建设，还应尽快发展大中运量的地面快速公交系统，同时增加支路密度，以扩大公交线路的覆盖面，提高公共交通的服务水平以及在城市客运总量中的比重。另外一个方面，要做好全市的交通需求调控，既做交通容量、道路基础设施拓展的"加法"，又做交通需求调控出行总量的"减法"，双管齐下以缓解南京的交通拥堵状况。

私家车不限使用也将影响自己

有关资料显示,在 5 种日常的交通方式中,小汽车的运输效率最低。它运送每位乘客所占用的面积是自行车的 4 倍,地铁的 6 至 12 倍,公交车的 20 倍,行人的 40 倍。关于小汽车在大城市交通系统中功能作用的定位,大多研究人员认为,它虽可实现"门到门"的出行,但难以担负起运送通勤通学等主要任务。世界著名的城市交通问题专家 J. M. 汤姆逊曾调查了世界 30 个大城市的交通问题,经过长期研究之后得出的结论是:任何把私人小汽车作为城市主要交通工具的企图,都会导致交通不断的阻塞,使无小汽车者的交通情况恶化,而且非常可能使有小汽车者的交通情况也恶化。这一预言,在我国一些城市已经应验。徐吉谦说,国际大城市在交通管理上有个共同经验,即力图使私人轿车不在城市交通高峰时间出行,不进入拥挤的市中心地区,进城的人们将私家车停在郊区的火车站或者地铁站,既能享受汽车的便利又避开了拥挤的烦恼。当然,做到这一点必须有政府公共政策的引导。许多发达国家一边征收高额燃油税,同时也对选择公交的居民进行经济鼓励。

(2006 年 5 月)

老教授走 1 公里才能坐上公交

载于《现代快报》

依着景观大道北京东路而居，多让人羡慕。可住在进香河路33号的东南大学老师们却十分痛苦。这是为什么呢？就因为公交车站距离宿舍太远：从鼓楼方向往太平北路的公交站点就在宿舍附近，很方便；可反过来，从太平北路往鼓楼方向的站点就远了，以宿舍为中心，无论向哪个方向走，起码都要步行 1 公里才能坐上公交车。

8 年了，老教授们希望这个站点能距离家门口近点，可直到今天，这个愿望也没有实现。

坐公交车得走 1 公里

原因：8 年前，由东向西方向的北极会堂站撤销了，现在要从进香河路口步行 1 000 米到鼓楼电信营业厅才能坐上 3 路公交车。

刘镜，东南大学退休教师，今年 75 岁。在小孙子上小学一年级时，她就为北京东路因拓路被取消的北极会堂公交站（由东向西）而奔波，要求尽快恢复。可如今，小孙子已经上高一了，公交车站却离他们越来越远。

73 岁的孙玉菊老教授头发已经花白，在她的记忆中，鼓楼车站到鸡鸣寺车站这条公交线之间，原来是设有双向的北极会堂站。可在 8 年前，忽然将由东向西方向的北极会堂站撤销了；8 年来，她不晓得跑了多少"冤枉路"。

与孙玉菊老人一样，东南大学不少退休教授医保都在铁医附院，坐 3 路公交车来去很方便。但自从北极会堂站撤了后，现在要从进香河路口步行 1 000 米到鼓楼电信营业厅那里才能坐上 3 路公交车。"太不容易了，像这样公交路过家门却难坐得上的线路还有很多。"孙玉菊拉着记者一起去数了一下站牌，整整有 12 条线路路过此处，但附近却没有设立相应的返回站点。

"受苦的不仅仅是东大的 404 户居民，周边近万居民都不方便。"东南大学徐吉谦昨天说，1 000 米的距离太远了，每天全靠走路前往公交车站，实在太不容易。

站距高出标准 2 倍多

数据：国家标准规定，城市公交站距应该不大于 800 米，而北京东路上鸡鸣寺—鼓楼两站之间由东向西站距却达到 1 800 米。

南京市公交公司有关人士解释说，按照标准，城市公交站距应该不大于 800 米，而南京主城多数公交线站距都在 500 米左右，优于国家标准，但唯独北京东路上鸡鸣寺—鼓楼两站之间由东向西站距达到 1 800 米，远远大于国家标准，中间恢复北极会堂站很有必要。

该人士坦言，南京市人大代表很早就有议案反映这一问题，呼吁在工艺美术大楼附近设置一个新站，方便这一带居住的市民。市政部门和公交公司有关负责人都到现场勘察了多次，但碍于方方面面的关系，一直未实行。其实，公交部门与市民一样，也是希望能在此设站的，毕竟能够带来一批稳定的客流。

提交议案呼吁复建

努力：东南大学宿舍全体住户致电江苏省人大，请求协助恢复北极会堂西行站，名单中包括中国科学院院士齐康。南京市政协委员胡乐涛两次向人代会提出恢复站台的议案，全国人大代表、南京交通规划研究所杨涛所长也就此事反映过多次。

"方方面面的关系"，也就是恢复北极会堂站台的阻力，究竟来自哪里？东大的几位老师甚至组成了一个小组，专门跑这件事。

2001年2月，东南大学宿舍全体住户致电江苏省人大，请求协助恢复北极会堂西行站。在居民提供的名单中，记者看到了中国科学院院士齐康的签名。此后，南京市政协委员胡乐涛两次向人代会提出恢复站台的议案，未得到解决。东南大学徐吉谦称，全国人大代表、南京交通规划研究所杨涛所长也就此事反映过多次，有关部门给杨涛的答复是"车流量太大"和"景观路不适合"，而杨涛的观点是：车流量太大，正说明要发展大容量的公共交通来缓解压力；此外，在南京，景观大道多得很，难道都不适合建站台？

市民及人大代表的反映，确实引起了有关领导的重视。但让孙玉菊老人难以相信的是，在最后落实过程中，却碰到了很多麻烦。比如说，站台西移就遇到了阻力：要建新站台，得牺牲掉几棵雪松，而这事又必须得到园林部门的同意。

三部门同意复建还是建不成

内情：交管、园林、市政都觉得应该建，而项目却迟迟不动工。有人称，有关部门的报告提出的"北京东路车流量大，是一条景观路，建议公交改道"的意见，是造成北极会堂公交站8年难恢复的原因。

恢复被废掉的北极会堂公交站，使周边近万居民免受奔波之苦，合情合理。那么，拖了8年之久，惊动多个职能部门的"小事"，现在究竟怎么样了呢？

昨天，南京市建委一位副主任在接受电话采访时说，这件事建委非常重视，并召集有关部门研究了，具体的情况向市政府作了文字汇报。但对于函件的具体情况，该人士称"不是一句两句话就能讲完的"。

而交管部门一位负责人在接受记者采访时表示："对于设置公交站台一事，我们在很久之前就已经作了批复，但至今迟迟不见动静，我们也觉得很奇怪！"据介绍，北京东路是双向四车道，目前在该路中段由西往东方向设有北极会堂站。该负责人表示，鉴于目前该路段实际通行车辆已经远远超过设计流量的事实，假如要在对面增设公交站台，肯定要设立对正常车道影响不大的港湾式公交站台。为此，经相关部门协调，市政部门向交管部门递交了有关增设港湾式公交站的报告，该报告表示需要在北京东路工艺美术大楼前增设一处港湾式公交站台，该站台长度约为40米。接到该报告后，交管部门很快进行批复，但特别注明：必须是港湾式公交站台。

而园林部门的观点是，如果设置站台，最好不移大树；就是要移，也是最后一道手续，申报一下就行，责任不在园林。

交管、园林、市政都觉得应该建，那么，项目为什么迟迟不动工？东南大学孙玉菊老师偷偷告诉记者，市政部门一位处长曾向她透露，有关部门的报告提出的"北京东路车流量大，是一条景观路，建议公交改道"的意见，才是造成北极会堂公交站8年难恢复的原因。

公交优先　要看行动

建议：不一定把12条线都设置北极会堂站，只要先把3路、31路、52路这些线路设置好，市民的生活就方便了，交通也不会受到多大影响。

建设部日前下发的《关于优先发展城市公共交通的意见》，让住在进香河一带的近万居民看到了一线希望。

昨天，东南大学交通方面的权威徐吉谦告诉记者，按照建设部的精神，越是车流量大的地方，越要发展公共交通。恢复北极会堂公交站与国家的政策是完全一致，得到建设部鼓励的。

对于迟迟不愿意恢复公交站台的原因，市民的另一种猜测是，可能是因为周边政府部门太多，怕公交车影响了公车的出行。

这样的猜测似乎也不无道理，公交方面的一位人士透露说，原来15路总站附近，就有31路等公交线鸡鸣寺站设在那里，但由于紧邻市政府，小汽车等通行量较大，公交公司已把包括科技会堂对面的公交站都调整到太平北路上。同样，在北京西路，虽然公交站台没有拆除，但站距明显要高出其他路段很多。

徐吉谦昨天语重心长：公共交通是普通市民的另外一双脚，关系到这么多人的出行，政府部门不能小视。如果这样的事都解决不好，南京谈什么公交优先？

徐吉谦接着说，其实解决这边的出行问题也很简单，没有必要把12条线都设置北极会堂站，只要先把3路、31路、52路这些线路设置好，市民的生活就方便了，交通也不会受到多大影响。　（2005年11月）

（二）徐吉谦对老师、同事的怀念

深切怀念吾师方福森教授

徐吉谦

1997年12月5日6时，方福森教授不幸逝世，噩耗传来，我们都非常震惊，更是万分悲痛，他的逝世不仅使我们失去了一位可亲可敬诲人不倦的师长、道路交通工程事业失去了一位年高德劭的老前辈，而且使我国公路学术界失去了一位治学严谨、学识渊博的著名专家。

方老师既是一位德高望重的公路工程专家，也是一位毕生从事公路教育事业的教育家。1940年他自波兰留学回国后，一方面在交通部从事公路工程的规划、设计管理与规范的制定工作，另一方面在高校从事公路建设人才的培养教育工作。

半个世纪以来，方老师为我国公路与城市道路工程建设与学科的发展作了系统的、大量的工作，包括培养目标的确定、专业教育计划的编制、课程设置、人才培养、技术规范等。其中，他为我校公路与城市道路专业建设与发展，包括师资力量的培养、教学改革、教材建设、科学研究工作的开展等更是殚精竭虑、日夜操劳，做出了卓越的贡献，是我们道路工程专业的主要创始人、开拓者与奠基人。我们专业之所以能有今天的兴旺发达与长盛不衰，同方老师几十年的努力奋斗是分不开的。饮水不忘掘井人，我们深深感受到方老对我们的恩泽。

我认识方老师是自1950年开始，至方老去世时已近半个世纪。在这样长的一段时间里，我作为他的学生和助手，经常一起乘车出差，一起外出开会，一起探讨教育与教学改革、科学研究与学科发展等问题，有机会聆听他独到的见解和许多精辟的论述。他非常重视专业的理论基础,无论在教学计划的制定与课程设置的讨论中,他总是坚持加强基础理论,坚持理论紧密结合实际。在多次全国性的公路与城市道路专业教学计划的讨论和审定会上,他总是从自己的亲身感受和国内外人才成长的大量事实说明专业基础理论对高等技术人才的培养、对公路工程规划设计建设的极端重要性。他的这些论点也是得到了全国公路高教界许多同行的赞许。在对青年教师和研究生的培养上,他也一直坚持专业基础理论水平的提高,而且一丝不苟、严格要求。在教学方面,他勤勤恳恳、兢兢业业,既严肃认真、严格要求,重视基本理论、基本技能和独立工作能力的训练,又循循善诱、诲人不倦,重视思想品德、人格素质的培养,充分体现了全面发展的教育思想。

方老师的教书育人思想还反映在对新生的入学教育方面,对每年新同学的入学教育他总是高度重视,甚至已70岁以上高龄还主动承担任务,每次都认真准备,有时还亲自以挂图、幻灯片形式详细说明公路运输的特点,强调它具有广泛的深入性与最大的机动灵活性,可以"门到门"为用户服务,起到微血管的作用,也可以担负大量运输起到大动脉的作用。他还阐明公路对于促进国民经济发展、四化建设,对开发边疆、巩固国防和改善人民生活等方面的重要作用,要求同学们热爱专业,认真学习,努力以专业知识为国家建设服务,不仅如此,他还要求我们经常去学生宿舍,关心同学们的专业思想。

在学术研究方面,他刻苦认真、一丝不苟、博采众长、严谨求实,既考虑现代技术学科的发展,又兼顾国家四化建设的需要,总是从实际出发,亲自动手,以身作则,带头实干,以甘为人梯的精神言传身教,为我国公路高等教育和科技发展培养了大批技术骨干和学术带头人。在工作方面,他认真负责、勤奋踏实、设身处地、思虑周详、平等协商、耐心细微,总是任劳任怨,尽可能圆满地完成任务,满足各方面的要求。

在为人处世方面,他严于律己、宽以待人、不计名利、不争地位,为人和善、乐于助人、诚信笃实、和蔼可亲,从不疾言厉色、强人所难,处处体现了高尚的品格情操。

总之,无论在专业学习方面、科学研究方面或为人处世方面我都有幸得到方老的多方关爱,他的启发帮助和具体的指导使我终身受益,永世难忘。

  方老师离开我们很快就要一年了,但他的音容笑貌仍清晰地浮现在我们眼前,深刻地铭记在我们心中,他的刻苦钻研、活到老学到老、永不停息的治学思想,诲人不倦、甘为人梯的红烛精神和高尚的人格魅力将永远地激励着我们为国家跨世纪宏伟目标的实现,为交通工程学科的发展奋力拼搏。

    少怀壮志已凌云,
    赴波留学第一人。
    学成报国回故里,
    献身教育为黎民。
    桃李芬芳溢华夏,
    甘为人梯育群英。
    红烛精神辉后进,
    千秋德业满园春。

峥嵘传奇树先贤　彪炳学界照后人
——与东南大学徐吉谦访谈交流方左英教授生平事迹①

杨　涛

　　3月14日上午10点，我去拜望导师徐吉谦。一来，2018年做的改革开放40周年南京城市规划专家访谈汇编及成果汇编要送给先生；二来，张云龙师兄上周布置的关于对方左英教授的回忆纪念文章，想去请教徐先生；三来，春节后还没有与徐老师交流叙谈过，也应该去看看先生了。

　　春暖花开，已是91岁高龄的徐先生看上去气色不错，比春节前好多了，面色红润而有光泽。先生要倒水泡茶，我阻止了他，请先生坐下来，告知先生聊一会儿我就走。

　　我把书送到先生手上，告诉他这次访谈很成功，得到了南京市规划和自然资源局叶斌局长的高度评价。先生听了很高兴，还一再谦虚地说自己做得很不够。

　　随即，我就跟徐先生聊起了方左英教授。徐先生是方左英先生的亲弟子，当然对方左老生平情况很熟悉，简单提到了方左老的革命经历，而且方左老亲自为抗美援朝战争解决了快速计算炸弹弹坑土方的难题。随后徐老师谈到了当年他作为年轻教师，给方福森、方左英、戴居正、余立基、张烈五位教授当助教。两位方老很注重年轻教师培养，

---

① 载于《东南大学报》1392期。

带领年轻教师一起翻译苏联的金奖教材《公路路线设计概要》，徐先生负责翻译了其中四章。

说到当助教，徐先生想起张烈教授写过一本书《城市计划与交通网》。他从卧室书架上取出了这本书，递到我手上，我一看是一本1955年由中国科学图书仪器公司出版的著作。我随手翻了一下，发现是一本融城市规划、路网规划、交通规划为一体的经典教科书，意识到母校的交通工程学科基础远远不是开始于"文革"结束、改革开放以后，而是早在20世纪50年代，甚至更早就已经打下了基础，留下了基因。可惜张烈教授过早离开了，我们这些晚辈都没有机会听到他的教育教导。

徐先生记得方福森、方左英两位教授都是1956年入党的，虽然两位方教授都比徐先生年长，是徐先生的老师，但入党却比当时还年轻的徐先生要晚，而且还是党支部安排徐先生和闻德逊教授两位年轻教师党员去动员他们入党的。徐老师提到，两位方老的家庭背景不同，但都有海外留学经历，有深厚的学养，都很爱国敬业，都是党组织重点考察培养和发展的对象。徐先生也记得方左英是广东人，后来只身到上海去求学，很刻苦认真，靠自己的努力考上了清华大学。毕业后奔赴抗日战场第一线，经历过战火锤炼。然后，又抱着科技救国热情和愿望，远赴美国留学，学成归来后效力祖国的公路建设事业。

徐先生又谈到了在那个政治敏感的特殊年代里，高校也存在着政治分歧，往事不堪回首。但徐先生谈到方左英老先生的时候，很称赞他的人品，说他是厚道人。徐先生特别提到20世纪80年代，我们开始读研究生，王富年老师指导的第一位女研究生，论文做得不太扎实，评阅不太顺利，徐先生去找方左英教授请教该如何处理。方左老表示，既要爱护学生，又要爱护年轻教师，给他们改正的机会。方左老帮助指出了改正的方向，让学生适当延期毕业，补充做好研究功课，争取圆满完成学业。年轻教师也能从中吸取教训，积累培养指导研究生的经验。在交谈中，我记起了我们班一位研究生同学当年也有过类似的经历，徐先生也记得此事。

徐先生对方左老的评价，与我对方左老的印象完全吻合。我们与方福森、方左英这批老教授们完全是隔代人，只记得入学教育的时候，教研室老师给我们做专业介绍时说，南京工学院（今东南大学）公路与城市道路专业是我国同行业的领军者，方福森、方左英教授等前辈都是全国公路工程学科的创始人、元老。我们为之感到自豪和崇拜。在我学习和留校10多年间，与方福森、方左英两位老教授也有所接触，但遗憾的是没有机会与两位方老深度交流求教。不过两位方老留在我脑海中的印象还是比较深刻的，而且是有所不同的。方福老是一位学养深厚、温文儒雅的学者，方左老更像是一位身材高大、慈祥可爱的长者。

读了方福森教授的《我的一生》，了解了方福森先生的家史生平，得知方福老乃福建名门，与林徽因家族有世交往来。方福老是留学波兰的博士，而且至今是我国唯一的留波博士。他学成回国，以科技报效祖国，为我国公路工程的科学研究、学科建设、人才培养作出了卓越贡献，令晚辈极其敬仰。近日通过百度检索了方左老的生平履历与学术成果，才惊讶发现方左老的人生经历和成就同样精彩感人，令人敬仰！甚至比方福老的故事更加惊心动魄，激荡人心！

方左老是一名农家子弟，出身贫寒。他从刻苦就学，跨进清华学府，到作为"一二·九"运动的学生领袖，投身到抗日救亡学潮中，到大学毕业后奔赴抗日战场，经历战火历练，再到抱着科学救国的理想，经清华大学梅贻琦校长亲笔推荐赴美留学；学成归国，参与战时川藏公路设计，再到抗美援朝战争期间，用科学方法解决快速计算弹坑土石方的难题，直至后来领导南京长江大桥引桥设计、西湖风景区规划设计等等。方左老的一生，从一位精忠报国的热血青年，成长为科学救国、科技兴国的学界先贤，他的精彩人生和丰功伟绩，光彩照人。我们作为方左老的专业学术后人，深感无比荣幸！

（三）对徐吉谦著作的评述

交通与文明的线索
——读《南京的交通》有感

杨 涛

我的恩师徐吉谦主编的《南京的交通》（"可爱的南京丛书"第二辑）终于与读者见面了。它虽然是一本区区十八万字的小书，在先生一生的著述中也许只占百分之几，但其意义却非常大。

这本书虽然以交通发展为主题，但不是一本单纯的交通史志。翻开书本第一篇"古老的胥溪运河"，就将读者的视线拉回到春秋战国时期。吴王命伍子胥督役开凿胥溪，用水师之优势，神兵天降，大败劲敌楚国，胥溪之水流到明朝，洪武疏浚胥河，建石闸，通舟楫；刘伯温奉命治水，建东坝，遏洪水，断航道。胥溪之水流到当代，人民政府开东坝，溉良田；建节制闸，筑封口坝，锁胥溪水；后又建船闸，拆封口坝，恢复通航。我们的视线又回到了今天。上下数千年，列国交兵，诸侯争霸，皇权固损，国运兴衰，运输水利，百姓身家，……都被浓缩到这样一篇短小精悍而又情趣盎然的美文里了。同样的，从秦始皇东巡驰道，到六朝都城御道，从明代通衢大道，到近现代的国道省道；从朱雀桥、龙江桥、蒲塘桥，到南京长江大桥、中央门立交桥、大桥南路高架桥，……一篇篇短文中无不折射着民族兴衰、社会变迁、城市演化和文明进步的历史轨迹。无疑，这是一本值得广大青少年朋友们一读的好书，也是一本进行爱国主义教育的好教材。

和"可爱的南京丛书"其他分册一样，《南京的交通》也采用了

"以历史演进为经,以富有典型性和个性化的事例为纬"的方式,描述了南京城市与区域交通发展演变的全息画卷。全书分古代、近代、现代三篇,以一种拟电影语言,叙述了南京水运、道路、铁路、航空和管道五大运输方式的兴衰演变。它既包罗了道路、河港、桥梁、码头、车站、机场等基础设施的延续变化,又概括了船舰、马车、人力车到火车、汽车、双层客车、空调客车等各式交通工具的更迭变换;既介绍了区域性的大交通网络发展过程,也叙说了历代都城道路网的沿革经历;既描述了各种交通硬件设施的换代变更,又追溯了不同时期交通管理方式、法制的模式特点。可以说,这是一本反映南京乃至我们国家交通运输几千年发展演化历史过程的通俗易懂的简明参考书。

孙中山先生说:"道路者,文明之母也,财富之脉也。"本书以南京的道路交通发展为线索,展示了这个十朝都城的历史变迁过程,涉及了许多重大历史事件。如吴王凿胥溪胜楚国;秦始皇开驰道巡九州;六朝兵戈相交于朱雀桥头;明太祖为防内御外、巩固政权而大兴土木、筑城修路;郑和云帆高挂,七下西洋;张之洞学西方,兴教育,办交通;国民政府定都南京,拟《首都建设计划》,开迎栋大道,形成南京现代道路网基本格局;共和国自力更生,建成雄伟的南京长江大桥;沪宁高速公路伴随着改革开放的强劲东风通向现代化的 21 世纪……这条历史的线索揭示了交通运输对于战争之胜败、政权之巩固、国家之昌盛、文明之进步的重要作用。1995 年下半年,南京市委、市政府提出了南京市加快以道路交通为重点的城市建设,实现一年初见成效,三年面貌大变的奋斗目标。这是一个完全正确的战略决策。经过这几年的努力,南京市的交通网络格局有了重大改变,道路交通状况有了较大改善,城市面貌也有了很大改观。1996 年又开始了新一轮城市交通规划编制工作。该书的出版发行,为新一轮城市交通规划编制工作及时提供了一份很好的借鉴和参考资料。

《可爱的南京》丛书第二辑全部出齐：
《南京的交通》获好评

柴莉莉　苏　冰

本报讯　我市精神文明建设又结硕果，《可爱的南京》丛书第二辑五本书中的最后一本《南京的交通》正式出版发行。在昨天下午召开的座谈会上，市领导陈安吉、周学柏、庄一鹏和一些专家学者对该书给予了高度评价。

《可爱的南京》丛书第一辑共6本已于1995年出版发行，被评为江苏省"五个一工程"的获奖作品。丛书第二辑出版发行后，又受到了读者的喜爱，尤其是东南大学教授徐吉谦主编的《南京的交通》一书引起了较大的反响。

《南京的交通》封面

在昨天的座谈会上，副市长周学柏介绍说，我市交通区位优越，是华东地区唯一一个铁路、公路、水路、航空、管道五种运输方式齐全的综合性交通枢纽。《南京的交通》在回顾历史、展示成就的同时，也为我市今后的交通建设提供了许多有益的参考。

市委常委、市委宣传部部长陈安吉说，交通的发展是政治、经济、文化的综合反映，交通发展与城市文明密不可分。《南京的交通》以通俗生动的文字，从交通角度为人们打开了观照南京历史发展的轨迹。

据了解，市交通局已决定，把《南京的交通》发到基层班组，结合读书活动，引导职工树立"敬业爱岗、热爱交通、奉献事业"为加快南京交通事业发展多作贡献。

（原载南京日报）

（四）徐吉谦指导学生名单

指导硕士生

序号	研究生姓名	入学年月	论文题目	备注
1	王 炜	1982—1985	环交通行能力（间隙理论）计算方法	与方左英教授合作
2	武 进	1982—1985	大城市出入口交通特性研究	与方左英教授合作
3	李旭宏	1983—1986	实用交通预测理论与方法研究	与方左英教授合作
4	黄富民	1983—1986	大城市出入口道路规划设计	与方左英教授合作
5	包考国	1983—1986	环交通行能力计算机模拟	与方左英教授合作
6	钱永祥	1984—1987	道路纵断面优化 CAD 研究	与李方教授合作
7	杨 涛	1985—1988	城市道路网总体性能评价与建模	
8	周鹤龙	1985—1988	大城市辐射交通特征	
9	朱小康	1985—1988	城市客流分布与分配建模理论	
10	惠先宝	1986—1989	城市交通战略规划理论	
11	李洪武	1986—1989	城市交通规划评价	
12	赵同安	1987—1990	城乡结合部交通规划	
13	吴 明	1988—1991	城市路网结构形态分析	
14	过秀成	1988—1991	城市交通发展战略规划实用方法研究	
15	陈学武	1989—1992	轨道交通客流预测方法研究	
16	张迎东	1989—1992	城市自行车交通在客运系统中的地位与作用	
17	杨文军	1989—1992	城市对外交通特性与预测方法	
18	郁 犁	1990—1993	城市交叉口综合治理模型	
19	魏文斌	1990—1993	城市中心区（CBD）交通治理	
20	胡文友	1991—1994	公路网络规划评价研究	
21	李月成	1991—1994	公路网络布局优化研究	
22	严 青	1991—1994	公路网络交通发生预测研究	

指导博士生

序号	研究生姓名	入学年月	论文题目	备注
1	王 炜	1985—1989	城市交通规划理论与方法研究	与丁大钧教授合作
2	李旭宏	1985—1990	城市交通客流预测理论与方法研究	与丁大钧教授合作
3	张席洲	1988—1992	综合运输规划理论研究	与邓学钧教授合作
4	杨 涛	1989—1993	城市交通网总体性能评价与建模	与邓学钧教授合作

(五) 徐吉谦所获荣誉、承担项目一览

徐吉谦所获荣誉

序号	荣誉名称	授予机构	获奖时间
1	南京工学院青年社会主义建设积极分子	南京工学院	1955年12月
2	江苏省新民主主义青年团通报表扬并出席江苏省高校与科技机关知识分子代表大会	江苏省新民主主义青年团	1956年2月
3	在上海同济大学向苏联专家学习并试做苏式高校本科毕业设计成绩优秀并在上海公开答辩，其成果送相关学校参考	同济大学	1955年6月
4	南京工学院各项运动成绩显著获表扬奖状	南京工学院	1958年12月
5	南京工学院先进工作者	南京工学院	1959年12月
6	南京工学院土木系先进工作者	南京工学院土木系	1983年2月
7	南京市科技先进个人	南京市科学技术协会	1985年3月
8	"从教30年、桃李芬芳"荣誉	南京工学院	1985年9月
9	东南大学优秀共产党员	中国共产党东南大学委员会	1991年1月
10	国务院政府特殊津贴	中华人民共和国国务院	1992年10月
11	东南大学科技先进工作者	东南大学	1993年3月
12	江苏省注册工程咨询专家	江苏省科委与科协	1994年7月

续表

序号	荣誉名称	授予机构	获奖时间
13	"教书育人、传道授业"荣誉	东南大学研究生院	1994年9月
14	中国建筑学会城市交通规划分会突出贡献表彰	中国建筑学会城市交通规划分会	2009年4月
15	海外华人交通运输协会终身成就奖	海外华人交通运输协会	2011年8月
16	全国优秀科技情报奖	全国市政工程科技情报网	1985年11月
17	科技情报工作积极分子	全国市政工程科技与情报网	1988年12月
18	全国先进科技情报员	全国市政工程科技与情报网	1991年9月
19	科技情报工作先进个人	华东地区公路科技情报网	1992年1月
20	科技情报工作积极分子	华东地区公路科技情报网	1994年6月
21	四十周年先进科技情报尖兵	华东地区公路科技情报网	1987年11月
22	全球华人交通运输学科终身成就奖	国际华人交通运输协会	2018年6月
23	中国交通工程专业终身成就奖	中国公路学会交通工程与信息化分会	2019年5月

徐吉谦项目、论文获奖情况

序号	项目（论文）名称	获奖名称	获奖时间
1	城市交通综合体系规划模式研究	国家科学技术进步二等奖	1992年11月
2	道路交通系统规划的成套技术及仿真设备开发	国家科学技术进步二等奖	2004年1月
3	城市交通规划理论	中国高校科学技术奖励委员会二等奖	2002年2月

续表

序号	项目（论文）名称	获奖名称	获奖时间
4	城市交通规划理论与方法	国家教育委员会科技进步奖二等奖	1992年7月
5	城市交通网络总体性能评价与建模	国家教育委员会科技进步奖二等奖	1995年5月
6	大城市出入口干道设计研究	国家教育委员会科技进步三等奖	1992年7月
7	城市交通规划理论、方法系统软件及工程应用	江苏省科学技术进步二等奖	2001年12月
8	城市交通系统实时模糊控制研究	江苏省科学技术进步三等奖	2000年10月
9	郑州市综合交通规划	江苏省科学技术进步二等奖	1992年12月
10	郑州市综合交通规划	河南省城建环保厅科技进步一等奖	1992年6月
11	城市综合交通体系规划研究	合肥市科学技术进步一等奖	1996年12月
12	南京市综合交通规划	南京市科学技术进步二等奖	1991年11月
13	马鞍山市综合交通规划	安徽省建设厅科学技术进步一等奖	1995年11月
14	城市环形交叉口通行能力研究	南京市科委科技成果二等奖	1982年12月
15	南京鼓楼环交阻车观测调研	南京市科委科技成果二等奖	1984年12月
16	中央门立交方案设计竞赛	南京市二等奖	1986年12月
17	采用系统平衡综合治理城市交通方法的探讨	中国交通工程学会优秀论文	1990年11月
18	对大城市交通发展总体战略规划的思考	中国建筑学会1988—1991年度优秀论文	1992年3月
19	自行车交通发展基本特征和合理适用范围研究	江苏省土木建筑学会优秀年度论文	1995年11月
20	大城市出入口干道技本标准初探	南京土木建筑学会1985年度优秀论文	1995年11月
21	道路线形设计要素分析	南京土木建筑学会1986年度优秀论文	1987年11月

徐吉谦撰写教材、专著一览

（1）1987年《交通工程学导论》，徐吉谦参与编著，中国建筑工业出版社；

（2）1988年《城市交通工程与街道规划设计》，徐吉谦参与编著，中国建筑工业出版社；

（3）1991年《交通工程总论》，徐吉谦主编，人民交通出版社出版，2002年第二版，2008年第三版，2015年第四版，2020年第五版；

（4）1992年《城市交通规划理论与方法》，徐吉谦参与编著，人民交通出版社出版；

（5）1994年《交通工程学基础》，徐吉谦主编，东南大学出版社出版；

（6）1996年《南京的交通》，徐吉谦主编，南京出版社出版；

（7）1996年《发展我国大城市交通的研究》，徐吉谦参与编著，江西人民出版社出版；

（8）1998年《现代城市交通》，徐吉谦参与编著，人民交通出版社出版；

（9）1998年《城市交通规划理论及其应用》，徐吉谦参与编著，东南大学出版社出版；

（10）1998年《交通工程手册》，徐吉谦参与编著，人民交通出版社出版；

（11）2010年《城市交通规划》，徐吉谦参与编著，东南大学出版社，2017年再版。

徐吉谦学术、教育文章一览

（1）1982年《关于大中城市出入口干道的特点和平面定线的几个问题》，《华东公路》刊登；

（2）1983年《大城市入城干道的设计和建筑》，《华东公路》刊登；

（3）1984年《环形交叉口主要技术经济指标与适用条件分析》，《华东公路》刊登；

（4）1985年《大中城市出入口干道技术标准的初探》，《华东公路》刊登；

（5）1985年《单行线交通可行性探讨》，《重庆交通学院学报》刊登；

（6）1986年《道路线形设计要素分析》，《华东公路》刊登；

（7）1987年《高等级公路与城市连接的探讨》，《华东公路》刊登；

（8）1987年《城市环交主要技术经济指标与适用性分析》，《城市道桥与防洪》刊登；

（9）1987年《环交通行能力分析新方法的研究——排队论在环交分析中的应用》，《南京工学院学报》刊登；

（10）1987年《关于公路建设中几个原则问题的探讨》，《华东公路》刊登；

（11）1988年《大中城市出入口干道交通特性的探讨》，《南京工学院学报》刊登；

（12）1988年《试论城市交通的综合治理》，《南京工学院学报》刊登；

（13）1989年《大中城市出入口干道规划设计研究》，《城市道桥与防洪》刊登；

（14）1989年《关于国外环形交叉口通行能力计算公式的述评（上）》，《国外公路》刊登；

（15）1989年《关于国外环形交叉口通行能力计算公式的述评（下）》，《国外公路》刊登；

（16）1989 年《城市道路网广义容量研究及其应用》，《城市道桥与防洪》刊登；

（17）1990 年《城市交通规划评价方法初探》，《城市规划》刊登；

（18）1990 年《对城市交通发展总体战略规划的思考》，《城市规划》刊登；

（19）1990 年《浅析国外环交通行能力的计算问题》，《武汉城市建设学院学报》刊登；

（20）1990 年《交通网络总体建设水平 FUZZY 自评判法》，《重庆交通学院学报》刊登；

（21）1991 年《运输网络极大流的一种新算法》，《土木工程学报》刊登；

（22）1991 年《关于我国城市客运交通结构发展的思考》，《道路交通管理》刊登；

（23）1991 年《大城市出入口干道系统评价》，《中国交通工程》刊登；

（24）1991 年《高等级道路的交通标志与标线》，《华东公路》刊登；

（25）1992 年《试论城市交通系统的战略规划》，《中国交通工程》刊登；

（26）1992 年《城市道路交通组织管理》，《交通管理科技参考》刊登；

（27）1993 年《交通工程学科发展战略研究》，《中国交通工程》刊登；

（28）1993 年《交通工程学科发展战略研究》，《城市道桥与防洪》刊登；

（29）1994 年《大城市 CBD 交通特性的探讨》，《现代城市研究》刊登；

（30）1994 年《一种新的城市快速轨道交通客流预测模式："宏观控制、微观竞争"模式初探》，《都市快轨交通》刊登；

（31）1994 年《自行车交通出行特征和合理的适用范围探讨》，

《现代城市研究》刊登；

（32）1994年《大城市城乡结（接）合部交通规划研究》，《城市道桥与防洪》刊登；

（33）1995年《试论城市交通规划的战略方针》，《中国土木工程学会第七届年会暨茅以升诞辰100周年纪念会论文集》刊登；

（34）1996年《马鞍山市区自行车道路规划设计》，《城市道桥与防洪》刊登；

（35）1996年《马鞍山市自行车交通出行特性分析》，《城市道桥与防洪》刊登；

（36）1996年《城乡结（接）合部交通规划方法探讨》，《中国交通工程》刊登；

（37）1997年《轨道交通客流量预测的浅见》，《地铁与轻轨》刊登；

（38）1997年《南京城市交通的发展与展望》，《现代城市研究》刊登；

（39）1998年《城市单路口交通的两级模糊控制及其仿真》，《系统仿真学报》刊登；

（40）1998年《城市交通系统的两级分解——协调模糊控制》，《系统工程》刊登；

（41）1998年《城市主干道交通信号灯模糊线控制的探讨》，《运筹与管理》刊登；

（42）1998年《试论城市客运交通可持续发展战略》，《现代城市研究》刊登；

（43）2001年《公路发展带来巨大效益：江苏宁六公路运行20年的经济简析》，《运输经理世界》刊登；

（44）2001年《关于城市道路规划设计几个问题的探讨》，《城市道桥与防洪》刊登；

（45）2003年《大城市交通需求管理研究》，《城市规划》刊登；

（46）2010年《基于机非分流的大城市自行车路网规划研究》，《城市规划》刊登。

（六）徐吉谦照片集锦

徐吉谦参加各类会议照片

参加长沙教学会议
（前排左起张寿庠①、陈雅贞②、张凤生、张心如③；后排左起1郑襄朝、3周宪华、4方福森、5郭永琛④、6庄海涛、7赖国麟、8徐吉谦，1982年）

---

① 张寿庠（1925—2004），东南大学土木工程学院教授，1950年国立南京大学工学院土木系毕业，1961—1985年任南京工学院土木系副主任、主任。
② 陈雅贞（1935—2018），女，上海崇明岛人，副教授，1957年南京工学院土木系公路与城市道路专业毕业后即留校任教，开设"道路建筑材料""专业英语"等课程，1995年退休。
③ 张心如（1935—2017），浙江宁海人，副教授，1957年南京工学院土木系公路与城市道路专业毕业后即留校任教，开设"道路勘测设计（及课程设计）"与"桥涵水文"等课程，1995年退休。
④ 郭永琛，1937年生，江苏常州人，副教授，湖南大学桥梁与隧道专业毕业，1960年到南京工学院任教，先后任道路教研组桥梁组组长、交通运输工程系副主任，参加全国高等学校统编教材《结构设计原理》编写、主编全国高等学校教材《桥梁技术改造》等。1993年调至江苏省高速公路建设指挥部工作，后任计划处副处长，1997年退休。

参加全国交通工程学讨论会黑龙江省暨哈尔滨市交通工程学术报告会
（第 1 排左 5 徐吉谦，1983 年 8 月）

参加公路工程名词讨论会（1983 年 10 月）

参加中国交通工程学会第三届学术年会(右3徐吉谦,1985年杭州)

参加全国市政工程科技情报网成立十周年庆祝大会(1986年)

参加全国城市道路设计规范审议会（第3排左1徐吉谦，1986年）

参加华东公路学会年会（左1徐吉谦，1987年）

参加中国城市交通规划学术委员会十周年学术讨论会(第2排右6徐吉谦,1987年12月)

参加城市交通管理名词术语国标会议(第1排左3徐吉谦,1988年)

参加国家自然科学基金会议（右2徐吉谦，1988年）

参加华东市政工程科技情报学术交流会（第1排右6徐吉谦，1989年）

参加《南京公路史》审稿会
（左1徐吉谦，左2方福森，右2方左英，1988年）

参加《交通安全技术和通信系统》鉴定验收会（第1排右2徐吉谦，1991年）

参加第二届多国城市交通学术会议（1991年）

参加全国土木工程年轻科技工作者计算机应用研讨会
（第1排右8徐吉谦，1991年5月）

参加郑州市综合交通规划鉴定会（第1排右2徐吉谦，1991年12月）

参加中国城市交通规划学会年会暨学术讨论会（第1排右2徐吉谦，1991年）

参加全国城市道路与交通工程学术交流会（1991年11月）

参加《华东公路》第三届编委会暨编委座谈会（第1排右2徐吉谦，1991年）

参加全国市政工程情报网会议（第 1 排右 3 徐吉谦，1992 年 5 月）

参加中国城市交通规划研讨会（第 2 排左 3 徐吉谦，1992 年 11 月）

参加中国交通工程学会第十一次年会（第3排中间徐吉谦，1993年6月）

参加江苏省常州市武进县（现为武进区）县城总体规划评审会（第2排右5徐吉谦，1993年11月）

参加广州轻轨评审会（第1排左4徐吉谦，1994年10月）

参加徐州市总体规划论证会（第1排左3徐吉谦，1995年12月）

参加华东地区公路科技情报网会议（1995年12月）

参加中国交通工程学会年会暨学术交流会（第2排左11徐吉谦，1997年12月）

参加苏州市城市道路交通管理规划研讨会(第1排右4徐吉谦,1998年6月)

参加中国城市交通规划年会暨第二十二次学术研讨会(第1排左9徐吉谦,2006年)

参加全国城市道路与交通工程学术委员会成立大会（第1排左2徐吉谦）

参加《宁波市交通管理发展规划》评审会（第1排右4徐吉谦）

参加常州市综合交通规划研究鉴定会（第 1 排右 3 徐吉谦）

参加城市道路桥梁专业高研班城市道路与交通工程学术交流会（第 1 排右 4 徐吉谦）

参加公安部制定国林道路交通管理术语研讨会（上图第3排右4徐吉谦）

徐吉谦与师生们合影

南京工学院土木系公路专修科全体同学毕业留影（1954年5月29日）
第三排左起：孙锡玲（1）、张寿庠（3）、唐念慈[①]（4）、余立基[②]（7）、方福森（8）、方左英（9）、金宝桢[③]（10）、杨致平[④]（11）、汪海粟[⑤]（12）、钱钟韩[⑥]（13）、孙云雁[⑦]（14）、唐九如（17）、徐吉谦（18）

---

① 唐念慈（1925—2000），江苏常州人，教授，1945年毕业于之江大学土木系，先后在国立中央大学、南京工学院、东南大学从事地基与基础的教学和科研工作，任东南大学岩石工程研究室主任、农工民主党第九届中央委员，是我国桩基动力学的创始人，先后获得交通部、石油部、水利部科技进步奖。主编《地基与基础》，合编《基础工程规划及设计》。

② 余立基（1894—1972），安徽省滁州市来安县人，教授，我国著名的道路与铁路工程专家。1918年金陵大学数理系毕业，1928年获斯坦福大学土木工程硕士学位。曾任交通部技术司工程师、京杭国道建设总监、京赣铁路工程师；曾任国立中央大学、山东大学、焦作工学院、西北农学院、安徽学院、安徽大学教授，南京大学及南京工学院教授兼管理工作，一直在土木工程系公路与城市道路教研室执教，出版《铁路工程》。

③ 金宝桢（1907—1968），河南开封人，著名力学教育家，1932年国立交通大学土木工程系毕业，1937年获美国密歇根大学理学博士学位，国立中央大学、国立南京大学、南京大学、南京工学院教授，曾任土木工程系主任、南京工学院副院长、江苏省力学学会第一届理事长 等职。出版《建筑静力学》《超静定结构学》《应用力学》《建筑力学》等著作。

④ 杨致平（1913—2011），河南济源人，1953—1956年曾任南京工学院党委副书记。
⑤ 汪海粟（1912—1993），江苏靖江人，同济大学毕业，江苏省委常委，1953—1957年曾任南京工学院首任院长兼党委书记。
⑥ 钱钟韩（1911—2002），江苏无锡人，中共党员，上海交通大学毕业，热工自动化学家，曾任南京工学院副院长、院长、名誉院长，1988—2002年东南大学名誉校长，中国科学院院士。
⑦ 孙云雁（1908—1997），江苏高邮人，教授，1933年国立中央大学土木系毕业，1943—1945年留美，国立中央大学、南京工学院、东南大学土木系教授，曾任南京工学院土木系副系主任，出版《测量学》。

南京工学院公路专业75级毕业师生合影（1978年7月）
第一排左起：王功勋（1）、郑襄朝（3）、林镜洪①、庄海涛、方福森、程云②、刘训贵、方左英、林醒山③、徐吉谦、陈荣生④、赵雪云⑤
第二排左起：傅家骥⑥（3）、张恒平、顾尚华、郭永琛、沈善土⑦、孙昌明、梁福林、胡龙泉、叶见曙

① 林镜洪（1916—1992），浙江瑞安人，副教授，1935—1941 年大学学习，毕业于杭州之江大学和上海大夏大学，即任教于上海君毅中学和宣平中学，1945—1953 年，任厦门大学助教、讲师，1953 年来南京工学院土木系任教，讲授"道路工程""建筑工程制图"等课程，1987 年退休。

② 程云（1927—2003），江苏启东人，曾任南京工学院土木工程系党总支书记，1980 年任南京工学院总务长，享受副院长级待遇，1988 年离休。

③ 林醒山 (1925—2016)，吉林省四平市伊通县人，教授，留苏博士（1951—1956），南京工学院土木系主任、党总支书记、院党委委员（1956—1983），后任南京建筑工程学院院长（1983—1992）。国立中央大学土木工程系毕业 (1948)，南京市地下党委中央大学教师党支部委员（1948—1949）。1957 年反右派运动中，时任土木系总支书记的林醒山，保护了全系教师没有一个被划为右派。

④ 陈荣生，1939 年生，浙江省湖州市安吉县人，教授，博士生导师，道路与铁道工程学科学术带头人之一。1963 年 7 月毕业于南京工学院，同年留校任教。历任土木工程系主任、交通运输工程系主任、交通学院院长等职。中国公路学会道路工程学会理事和全国道路、桥梁、交通工程专业教学指导委员会常务委员、江苏省公路学会理事、土木建筑学会理事及道路桥梁学术委员会副主任委员。出版《刚性路面设计》。

⑤ 赵雪云（1940—2019），江苏南京人，副教授，1964 年毕业于唐山铁道学院，同年 8 月到铁道部第二设计院工作，具体参与成昆铁路隧道设计。1971 年 3 月至重庆工业大学任教，1974 年 11 月调入南京工学院工作，开设了"隧道工程""结构设计原理"等课程，1991 年 6 月起长期借用至江苏省高速公路建设指挥部工作，2000 年退休。

⑥ 傅家骥，生于 1929 年，贵州贵阳人，先后在贵州大学土木系学习（1951—1954）和武汉测绘学院进修（1954—1957），自 1957 年任职南京工学院土木工程系测量教研室教师、图书室管理员等职，至 1990 年退休。

⑦ 沈善士，1935 年生，浙江杭州人，教授，1960 年南京工学院土木系道路工程专业毕业，1986—2001 年历任南京工学院土木工程系、交通运输工程系、东南大学交通学院党总支书记。

交通部教师勘测设计师短期培训班合影（第 1 排右 4 徐吉谦，1978 年）

1976 届毕业班勘测实习合影（第 2 排右 4 徐吉谦，1979 年）

南京工学院土木工程系道路专业1983届毕业留念（1983年7月）
第一排左起：汪中洲[①]、孙广华[②]、王富年[③]、郑襄朝、周宪华、丁国良、邵容光[④]、庄海涛、田真、方福森、方左英、徐吉谦、王金炎[⑤]、韩以谦[⑥]、孙昌明、黄冬官[⑦]、赵雪云
第二排右起：沈善土（8）、杨福源（7）、顾尚华（6）、张恒平（5）、李峻利（4）、孙宁（3）、王锦麒[⑧]（1）

[①] 汪中洲，1951年生，浙江省衢州市常山县人，1978年毕业于南京工学院土木系道路工程专业即留校工作，历任东南大学交通运输工程系、交通学院副书记、书记，1997—1999年任东南大学基建处副处长，2000年至东南大学华宁监理公司任副总经理，2011年退休。

[②] 孙广华，1944年生，河南开封人，副研究员。1968年毕业于同济大学桥梁工程专业，1968至1978年在乌鲁木齐铁路局、武汉铁路局工作。1981年在同济大学获硕士学位，1992年在东南大学获博士学位。1981年至1992年在东南大学任教，主讲"桥梁工程"课程，开发的曲线梁桥计算软件在行业中广泛应用。1992年底调往珠海市建委工作。1999年退休。

[③] 王富年（1936—2000），安徽省阜阳市颍上县人，副教授，1961年南京工学院土木系公路与城市道路专业毕业后即留校任教，讲授"道路勘测设计（及课程设计）"等课程，并新开"公路电算"课程，1997年退休。

[④] 邵容光（1934—2018），江苏省常州市武进区人，教授，我国著名桥梁工程专家。1955年毕业于同济大学桥梁工程专业，后到南京工学院土木工程系任教，主讲"结构设计原理""桥梁工程"课程，出版高校教材《结构设计原理》《建筑结构》和专著《混凝土弯桥》《斜梁结构分析》。荣获2015年度茅以升科学技术奖——桥梁大奖。曾任中国桥梁与构工程学会理事、中国公路学会桥梁与结构工程学理事、江苏省公路学会桥梁委员会副主任、江苏省政协委员等职。

⑤ 王金炎，1932年生，浙江义乌人，副教授，1951—1952年上海交通大学学习，1952—1955年同济大学路桥系学习，1955—1957年在同济大学任教，1957—1961年在成都工程学院任教，1961—1972年在重庆交通学院任教，1972—1975年在重庆建工学院任教，1975年4月来南京工学院土木系任教，讲授"道路建筑材料""道路勘测设计""土壤稳定""道路工程"等课程，1992年退休。

⑥ 韩以谦，1935年生，河北省唐山市玉田县人，副教授，1961年南京工学院土木系公路与城市道路专业毕业后即留校任教，讲授"道路建筑材料""沥青及沥青混合料""路面工程"等课程，1995年退休。

⑦ 黄冬官（1935—2016），江苏省泰州市姜堰区人，副教授，1960年毕业于南京工学院土木系后留校任教，讲授"结构力学""算法语言"等课程，1996年退休。

⑧ 王锦麒，1951年生，福建莆田人，副教授，1974—1978年就读于南京工学院土木工程系建材专业，毕业后留本校土木系（学院）任教（1985—1987年，在职读南京师范大学政教专业本科），曾任土木学院副书记、常务副院长。2011年退休。

徐吉谦与学生们的合影
前排左徐吉谦，右王炜；后排左起唐宪平、杨涛、周鹤龙、韩家治，1985年

南京工学院道路工程专业 1985 届毕业合影留念（1985 年 7 月 6 日）
第一排左起：韩以谦、王富年、杨福源、张心如、邓学钧、徐吉谦、庄海涛、方福森、方左英、周宪华、邵容光、王金炎、顾尚华、王炜、刘其伟、郭永琛、李一鸣[①]、叶见曙、程刚[②]。

[①] 李一鸣，1935 年生，山东潍坊人，教授，1961 年南京工学院土木系公路与城市道路专业毕业后即留校任教，讲授"材料科学基础""道路建筑材料""沥青及沥青混合料"等课程，1995 年退休。出版《材料科学基础》。

[②] 程刚，1951 年生，江苏南京人，教授级高工，1977 年毕业于南京工学院土木系道路工程专业即留校任教，讲授"路面工程"等课程，历任南京工学院土木系道路教研组秘书，东南大学交通运输工程系系办副主任、主任，1992—1994 年挂职江苏省连云港市灌云县科技副县长，1995 年任交通学院副院长。在大跨径钢桥面铺装技术上有专长和贡献，2011 年退休。

南京工学院道路工程专业 1986 届毕业合影留念（1986 年 7 月）
第一排左起：王锦麒、孙广华、刘其伟、韩以谦、周宪华、顾尚华、刘学尧①、方左英、方福森、陈荣生、徐吉谦、李一鸣、郭永琛、张心如、杨福源、高辉、赵雪云

参加 5281 同学毕业后首次聚会留影（1987 年）
前排左起：王富年、赖国麟、周宪华、方左英、陈荣生、徐吉谦、邓学钧
后排左起：郭永琛（5）、沈善土（6）、张云龙（7）

---

① 刘学尧（1925—2014），广东惠州人，副教授，1953 年毕业于中南矿冶学院地质系后即任南京大学地质系助教，1956 年来南京工学院土木系任教，讲授"地基基础""工程地质""隧道地质勘查""土质学及土力学"等课程，并指导野外实习，1987 年退休。

东南大学土木系道桥专业1989届毕业合影留念（1989年）

第一排左起：乔凤祥、秦福生、钱培舒、黄安永、李旭宏、胡龙泉、张凤生、陈雅贞、李峻利、周宪华、邵容光、沈善土（14）、陈荣生、徐吉谦、邓学钧、郭永琛、韩以谦、李一鸣、赖国麟、杨福源、顾尚华

东南大学交通运输系1992届55881班毕业合影留念（1992年）

第一排左起：陈学武、顾尚华（3）、李峻利（4）、邓学钧、陈荣生、沈善土、徐吉谦、汪中洲、毛惠西、过秀成、相卫

东南大学交通运输工程系1990届毕业合影留念（1990年）

第一排左起：黄晓明、汪中洲、刘其伟、相卫、叶见曙、王炜（7）、杨福源、张凤生、郑雪云、李峻利（12）、沈善土、陈荣生、顾尚华、李方①、郭永琛、周宪华、庄海涛、赖国麟

---

① 李方，生于1938年，安徽六安人。东南大学交通学院教授，联邦德国洪堡学者，国家自然科学基金评审专家。因在我国率先研发道路CAD软件（I软件），被行业内誉为"道路CAD第一人"。1998年退休。

东南大学交通运输系 1993 届 55891 班毕业合影留念（1993 年）
第一排左起：陈学武、杨涛、乔凤祥、叶见曙、韩以谦、赖国麟、李峻利、徐吉谦、沈善土、陈荣生、邓学钧、王炜、沈跃良、杨福源、汪中洲、过秀成、李旭宏

东南大学交通运输系 1993 届研究生毕业合影留念（1993 年）
第二排左起：李峻利、沈善土、汪中洲、邓学钧、徐吉谦、陈荣生、王富年

东南大学 5272 班毕业 20 周年（1995 年）
第一排左起：徐吉谦、刘学尧、庄海涛、方左英、方福森、周宪华、邵容光
第二排左起：李峻利（1）、王功勋（3）、汪中洲、王富年、叶见曙、邓学钧、韩以谦、顾尚华、赖国麟、陶诗诏①、郑襄朝、王炜、沈善土、曹侃（右4）、秦霞②（右2）、黄卫③（右1）

---

① 陶诗诏，1934 年生，浙江嘉兴人，教授。1957 年毕业于上海同济大学桥梁与隧道专业，同年分配至南京工学院土木系任教，讲授"画法几何学""工程制图""透视与阴影"等课程。1992 年曾获国务院政府特殊津贴，1994 年退休。
② 秦霞，1963 年生，博士，教授，东南大学学生处处长，曾任东南大学交通学院副书记、书记（1995—2019）。
③ 黄卫，1961 年生，江苏南通人，1982 年毕业于南京工学院，博士，教授，博士生导师，中国工程院院士，道路、桥梁及交通工程专家。现任第十四届全国政协常委、教科卫体委员会副主任，曾任东南大学交通学院院长、东南大学常务副校长、江苏省建设厅厅长、江苏省政府副省长、建设部副部长、住房和城乡建设部副部长、北京市副市长、新疆维吾尔自治区党委常委政府常务副主席、科学技术部副部长等职。

东南大学交通学院交通工程专业1996届毕业合影留念（1996年）
第一排左起：陈学武（2）、杨涛、李峻利、徐吉谦、王炜、过秀成（8）、乔凤祥（9）

东南大学5288届毕业10周年返校合影（1998年）
第一排左起：赵雪云、陈雅贞、沈善土、邵荣光、周宪华、张心如、邓学钧、陈荣生、王炜、徐吉谦、赖国麟、王富年、叶见曙、李一鸣、李峻利
第二排左起：李方、李一鸣，第二排右起：秦霞、马骉

东南大学52791班毕业15年合影（1998年）
第一排左起：赖国麟、陈雅贞（3）、邵荣光、顾尚华、周宪华、邓学钧、陈荣生、徐吉谦、李峻利、王富年、郑襄朝（14）、张心如（16）、沈善士

东南大学5285级毕业10周年合影（1999年）
第一排左起：马骉、沈善土、赖国麟、郑雪云、李峻利、邓学钧、陈荣生、黄卫、王炜、邵荣光、徐吉谦、陈雅贞、李一鸣、程刚、周宪华、叶见曙

东南大学土木工程系5274级同学会师生及家属合影（2006年）

与毕业学生合影留念
第一排左起：沈善土、王富年、韩以谦、邓学钧、邵荣光、陈荣生、唐念慈、方福森、方左英、朱万福[①]、徐吉谦、陶诗昭、庄海涛、周宪华、李峻利

---

① 朱万福（1939—2014），江苏扬州人，中共党员，教授，南京工学院土木系毕业（1965），曾任南京工学院副院长、东南大学副校长、党委副书记、书记，中共江苏省委委员，第七届江苏省政协委员。出版《钢筋混凝土力学》，主编高等学校教材《混凝土结构与砌体结构》。

徐吉谦参加学生答辩合影

第一届硕士(王炜、武进)论文答辩(1985年)

学生黄富明硕士论文答辩(1986年12月)

学生惠先宝硕士论文答辩(1989年4月)

学生李洪武硕士论文答辩（1989年）

学生陈学武硕士论文答辩（1992年）

学生杨文军硕士论文答辩（1992年）

漫道谦行——徐吉谦教授纪念文集

台湾学生苏毓德博士答辩（1997年）
左起张宏①、段进②、李志涛、王建国③、齐康④、郑弘毅、徐吉谦、邓学钧

台湾学生苏毓德博士答辩，徐吉谦与答辩专家讨论（1997年）

---

① 张宏，教授。1997年获东南大学博士学位，现为东南大学建筑学院院长助理、建筑技术科学系系主任、教授、博士生导师，国家一级注册建筑师。
② 段进，1960年出生，江苏南京人，中国科学院院士，东南大学教授、博士生导师，东南大学城市规划设计研究院总规划师，东南大学城市空间研究所所长，中国工程勘察设计大师。
③ 王建国，1957年出生，江苏常州人，建筑学专家，中国工程院院士，国家一级注册建筑师，东南大学建筑学院教授、博士生导师，东南大学城市设计研究中心主任。
④ 齐康，1931年出生，江苏南京人，建筑学家、建筑教育家，中国科学院学部委员（院士），最早参与中国发达地区城市化的研究及相关的城市化与城市体系的研究。

徐吉谦与同事们合影

南京工学院先进集体土木系道路教研组全体同志合影（1958 年 12 月）
第一排左起：王通、庄海涛、徐若励、方左英、方福森、余立基、唐念慈、孙奎麟
第二排左起：黄锡武（2）、胡文龙（3）、刘学尧（4）、顾尚华（5）、傅家骥（6）、杜道礼（7）、张继尧[①]（9）
第三排左起：邵启胜、闻德荪、徐吉谦、杨福源、周宪华、吴立群、姚代禄[②]、赵殿甲、张克恭

[①] 张继尧（1936—2017），浙江嘉兴平湖人，教授级高级工程师。1957 年毕业于同济大学桥梁工程专业，后到南京工学院土木工程系任教，副教授，主讲"桥梁工程"课程。1976 年调入浙江省交通工程局公路设计室，后任浙江省交通设计院总工程师。主持设计的浙江绍兴嵊州清风大桥获 1996 年国家桥梁优秀设计奖，出版编著《悬臂浇筑预应力混凝土连续梁桥》、主审公路桥涵设计手册《梁桥》（第 2 版）。

[②] 姚代禄（1931—2018），四川重庆人，副教授，1955 年 9 月毕业于成都工学院土木系，1957 年任职于南京工学院土木工程系，曾担任土工实验室主任、岩土工程研究室副主任。开设了"土质学及土力学""地基及基础""高等土力学"和"土的强度理论专题"等课程。1992 年退休。主编出版《路基设计原理与计算》。

南京工学院 521 教研组欢送杜道礼同志合影（1963 年 11 月）

第一排左起：陈雅贞、徐吉谦、戴居正①、方左英、杜道礼、方福森、余立基、庄海涛、卓知学（湖南大学进修教师）

第二排左起：韩以谦、张心如、赖国麟、顾尚华、傅家骥、李峻利、周宪华、杨福源、李一鸣、陈荣生

第三排左起：王富年、任福田、邵启胜（研究生）、邓学钧、沈善土、郭永琛、吴立群、蒋法林、王凯（研究生）

---

① 戴居正 (1898—1978)，著名土木工程学教授，美国依阿华农工大学硕士（1927）。曾任四川交通部公路总局技正（1943—1949），国立交通大学、复旦大学、国立中央大学、南京工学院教授 (1930—1978)，国立中央大学土木工程系材料实验室第一任主任。出版专著《工程材料》。

欢送邓学钧老师赴美学习（1981年1月）

道路教研室教师合影（第1排左3徐吉谦）

南京工学院土木系道路专业教师集体照（1983年）
前排左起：李峻利、韩以谦、方左英、方福森、华敬熙、陈荣生、邵启胜、蒋法林、王键、庄海涛
后排左起：周宪华、顾尚华、沈善土、徐吉谦、顾永泰、梁福林、胡龙泉、程刚、叶见曙、吴立群、傅家骥、赵雪云、陈雅贞

与方福森教授合影（右1周商吾、2徐吉谦、5陈景颐）

和苏联专家阿·亚·图拉叶夫在大礼堂前合影
（中排中徐吉谦，后排中图拉叶夫、右3方左英、左3方福森、左2余立基，1957年6月）

参加2 000米长跑（1980年春小营操场，左起3 孙伟、7 唐念慈、10 徐吉谦）

徐吉谦与张寿庠、晏贤良等于扬州（1982年）

与道路研究室老师合影（左起1徐吉谦、2方左英、3方福森、6陈雅贞）

与方福森教授合影（前排左起周商吾、徐吉谦、方福森）

鼓楼环交阻车课题组合影（右5徐吉谦，1982年）

与方福森（右2）、黄卫（左1）、王炜（左2）在资料室研讨（1987年）

左起1邓学钧、2李方、3徐吉谦
元旦参加青年团联欢会（1988年）

左起1李方、2徐吉谦

右2徐吉谦
1988届学生毕业10周年返校（1998年10月1日）

右1徐吉谦，右2邓学钧

徐吉谦、陈福明、糜瑞生在武汉黄鹤楼(1986年)　　与陈福明、糜瑞生摄于天津东陵
　　　　　　　　　　　　　　　　　　　　　　　（1987年10月12日至19日）

在天津市政工程局休养所合影
（右2徐吉谦，1987年10月12日至19日）

摄于黄山天都峰（1988 年 10 月）

与韩以谦、陈景颐合摄于庐山（1991 年冬）

与陈漱秋、王晓云于天山（1992年8月）

与胡龙泉在鼓浪屿（1982年9月）

与周商吾、陈景颐合影

与哈俊文、陈景颐合影

后记

回望历史，撷英采华，方能继往开来。

赓续薪火，传承精神，方能再谱华章。

东南大学交通学院历来高度重视学院发展历史和学科奠基人思想的整理收集和编撰，高度重视学院文化建设和精神传承。2017年，学院编纂出版了《我的一生——方福森教授自传及弟子亲友回忆集》，以追忆方福森教授；2021年，学院出版了《大河东流——方左英教授生平及纪念文集》，以缅怀方左英教授不平凡的一生。2021年，学院开始组织编纂《漫道谦行——徐吉谦教授纪念文集》，记录徐吉谦教授大写的一生，传递他的精神和思想，以激励当下和未来的东大交通人。

徐吉谦教授是南京工学院的首届毕业生，之后留校任教。他曾担任中国第一条一级公路——南京宁六公路的技术总负责人，以实事求是、因地制宜、守正创新的精神，全身心地投入该公路的设计建造中，对我国后来的公路交通发展产生了深远影响。

此后，受到张秋先生影响，徐吉谦教授洞察到了中国交通未来的发展方向，潜心于交通工程学的教学、研究和实践工作，成为东南大学交通运输工程学科的开拓者之一。在交通工程学科创办过程中，他高瞻远瞩、敢为先锋、大辂椎轮；在学科理论探索中，他开拓创新、严肃认真、扎根实践；在教学育人中，他春风化雨、体贴学生、耐心细致；在日常生活中，他谦和文雅、无私奉献、正直不阿。在多年的实践、研究和教学中，他的学术思想自成一格——这正是东南大学交通学院宝贵的精神财富和文化积淀，值得我们铭记、学习和传承。

东南大学交通学院十分重视本书的编纂和出版工作，成立了专门的工作组，交通学院党委书记陈怡任组长，院长陈峻任副组长。徐吉谦教授在曲折的漫漫人生道路上，以谦逊之心，稳健之步，为交通工程事业做出重要贡献，故本书题为《漫道谦行》。本书的第一篇章"半生缘·追忆篇"，主要记述了徐吉谦教授的主要事迹和突出贡献，尤其是在创办交通工程学科时的努力和付出；第二篇章"一世情·缅怀篇"，主要包含了徐吉谦教授的同事、学生对其的缅怀和纪念。附录则展现了徐吉谦教授的成果、荣誉，并包含了若干珍贵的历史照片。

本书的编纂出版是在我院师生及诸多校友的共同努力下完成的。东南大学党委学工部部长、学生处处长、交通学院原党委书记秦霞，交通学院程建川老师对书稿内容框架进行指导和帮助。工作组成员张航老师、张馨岚老师、学生陈嘉毅、傅子健等负责了采访相关教师和校友，商定书稿篇章布局和主要内容，并对书稿进行校对审订。北京工业大学任福田教授，北京市交通发展研究中心全永燊主任，同济大学晏克非教授，南京市规划局原总工程师秦言址，东南大学交通学院邓学钧教授、赖国麟教授、王炜教授、过秀成教授、陈学武教授，江苏省城市规划设计研究院有限公司总工程师黄富民校友，南京市城市与交通规划设计研究院股份有限公司董事长杨涛校友，以及徐吉谦老师原邻居东南大学信息科学与工程学院张锡宁老师、金蕾老师等接受了工作组的采访，提供了大量资料，为工作组还原了工作中、生活中的徐吉谦教授，讲述了他的学术贡献和学术思想，为本书的编撰工作提供了巨大支持和帮助。东南大学校史馆为工作组提供了徐吉谦教授的口述采访记录，丰富了徐吉谦教授个人经历和工作理念。学生黄乐飞、刘逸璇、沈维滢等完成部分编辑及校对工作。

徐吉谦教授的女儿徐小红老师提供了许多宝贵的影像资料，帮助工作组还原了徐吉谦教授在日常生活中的形象，让我们看到一个一丝不苟、啬己奉公、兢兢业业、贤良方正的徐吉谦教授，为书稿编纂提供了很大支持。

住房和城乡建设部原部长汪光焘在工作中与徐吉谦教授相识并熟悉，一直关心本书的编撰工作，并专门为本书作序，感怀他的谦虚、执着与奉献，表达了对徐吉谦教授的缅怀与致敬之情。

　　在此向所有为本书付梓奉献智慧及付出劳动的人表示深深的感谢！

　　书中涉及的部分人、事，因时隔久远，考证不足，难免有误，敬请谅解，并予指正。

东南大学交通学院徐吉谦教授纪念文集编撰工作组
2023 年 2 月